国际经济法与旅游产业
经济学研究

王 菁◎著

广东旅游出版社
GUANGDONG TRAVEL & TOURISM PRESS
悦读书·悦旅行·悦享人生

中国·广州

图书在版编目（CIP）数据

国际经济法与旅游产业经济学研究 / 王菁著 . — 广
州 : 广东旅游出版社 , 2020.12
　ISBN 978-7-5570-2389-8

Ⅰ . ①国… Ⅱ . ①王… Ⅲ . ①国际经济法－研究②旅
游业－产业经济学－研究 Ⅳ . ① D996 ② F590

中国版本图书馆 CIP 数据核字 (2020) 第 243324 号

国际经济法与旅游产业经济学研究

Guoji Jingjifa Yu Lvyou Chanye Jingjixue Yanjiu

广东旅游出版社出版发行

（广州市环市东路 338 号银政大厦西楼 12 楼　邮编：510180）

印刷　河北文盛印刷有限公司

（地址　河北省保定市涿州市东仙坡镇下胡良北口）

广东旅游出版社图书网

www.tourpress.cn

邮购地址：广州市环市东路 338 号银政大厦西楼 12 楼

联系电话：020-87347732　邮编：510180

710 毫米 ×1000 毫米　16 开　12 印张　222 千字

2021 年 3 月第 1 版第 1 次印刷

定价：58.00 元

前　言

　　国际经济法是一个新兴的法律部门,是关于国际经济关系与交往的法律原则和规范的总和。国际经济法发轫于欧洲中世纪地中海沿岸的商事法和海商法,近代以来,基于国际经济发展的客观需要而产生和发展起来,并形成了自己独特的结构体系。国际经济法是一个综合性的相对独立的法律部门,范围广泛,内容繁多,涉及国际贸易、国际投资、国际金融、国际税收和国际经济争议解决机制等一系列法律制度。

　　由于当前世界经济形势的发展变化,经济活动已超越国界的限制,经济全球化、一体化更加深入,国际经济关系及其相互交往过程中产生的具有跨国性的各种法律问题呈现出越来越频繁、越来越复杂的发展趋势。尤其是随着世界贸易组织(WTO)的成立,国际社会经济关系出现了一系列新情况、新变化,国际经济关系进入了一个全新的发展阶段,对国际经济法提出了更高的要求。然而,由于所处的政治经济和传统文化环境的不同,各国或地区有关专家学者对国际经济法理论上有着不同的看法和认识。这就需要我们重新厘定国际经济法的基础理论,针对当前急剧发展的世界经济形势,逐步发展完善符合国际经济交往的国际经济法律制度。

　　旅游业在现代服务业大发展的机遇背景下,对全球经济贡献巨大,成为世界经济发展的亮点。目前,旅游产业已发展成为拉动经济发展的重要引擎。中国旅游产业未来的发展受到国家的高度重视,旅游产业强劲的发展势头,巨大的产业带动性必将会对中国经济的转型升级和可持续发展产生良好的推动作用。伴随着中国旅游产业发展规模的不断扩大,未来旅游产业发展对各类中高级旅游人才的需求将十分旺盛,这也将有力地推动中国高等旅游教育的发展步入快车道,以更好地适应旅游产业快速发展对人才需求的大趋势。

　　本书以国际经济法、经济学、产业经济学、管理学、旅游学为支撑学科,注重旅游经济、法律理论体系构建与旅游产业发展实践相结合,遵循"旅游市场——旅游产业——旅游经济运行——旅游法律保障"这一主线,按照旅游经济的微观层面(旅游产品生产与消费)、中观层面(旅游产业融合与投资）和宏观层面（旅游经济管理与政策）这一顺序形成理论构架和内容体系。

由于作者学术水平和实践经验有限，书中不足或不当之处在所难免，恳请读者予以批评指正。

目　录

第一章　国际经济法概论

第一节　国际经济法的产生与发展

一、旅游业的发展与旅游法的产生

旅游法是旅游业发展到一定历史阶段的产物，它随着旅游业的发展而产生，随着旅游业的不断发展而健全完善。

旅游作为人类社会的一种活动现象，最早产生于原始社会末期和奴隶社会的形成时期。其产生之后，在奴隶社会和封建社会的漫长历史时期，旅游无论是内容还是形式都在不断地向前发展，既有日趋活跃的以经济为目的的旅行经商活动，也产生了如公务旅行、宗教旅行、观光旅行、消遣旅行、文化和修学旅行等大众旅游活动形式。然而，奴隶社会和封建社会的旅游活动仍然是分散的和个别的，不可能形成、最终也没有形成一个产业门类。原因在于：一是交通不发达，这一时期人们外出旅游的主要交通工具是靠自然力、人力、畜力的车、船等，使得旅游活动范围很小，无法到很远的地方旅游；二是参加旅游的人数很少，主要是一些商人、王公贵族、僧侣等特殊阶层，使得旅游活动规模很小。近代以来，随着资本主义生产关系的确立和工业革命的兴起，社会生产力和阶级关系发生了巨大变化。社会经济的迅速增长、资产阶级财富的积累及工人阶级带薪假日的出现，为旅游活动的发展奠定了基础，为更多的人外出旅游提供了机会和条件。但是，由于大多数人没有外出旅游的经验，特别是对远距离的出境游更是陌生，需要相关机构提供帮助，这一需要导致了一个新的经济领域——旅游业的产生。19世纪40年代，在英国出现了专门从事旅游活动的组织者和经营机构——旅行社，标志着人类的旅游活动进入一个新的历史阶段，也标志着旅游业的诞生。此后，在欧洲和北美相继出现了许多类似的旅游经营组织，它们极大地推动了旅游业的发展。此时，旅游活动的规模和范围扩大了，旅游活动的内容和形式丰富了，使得旅游者与旅游服务行业之间的关系日趋复杂。一些注重法治的国家,试图用法律手段解决在旅游活动中产生的矛盾和纠纷,虽然专门调整社会旅游经济关系的法律在这时还未出现,但一个新的产业门类的应运而生为旅游法的产生和发展创造了条件。

第二次世界大战结束以后,全球局势相对稳定,各国都致力于本国的经济建设,世界经济不断出现新的进展,加之科学技术的重大突破,这些发展变化都对第二次世界大战以后旅游业的发展起了很大的推动作用。特别是20世纪60年代,旅游业已成为世界上发展势头最为强劲并且持久不衰的产业,在世界经济中扮演着越来越重要的角色。根据统计,在第二次世界大战以后的半个世纪中,全世界国际旅游收入总额从初期的年约21亿美元增长到年逾4000亿美元,约占全世界国际贸易总额的10%;全世界国际旅游人数也从初期的年约2530万人次发展到年逾5亿人次。旅游业创汇率高、投资回报高、提供就业机会多、能带动相关产业发展、促进文化交流等特点,已被越来越多的国家所认知,各国纷纷采取措施致力于本国旅游业的发展。进入20世纪90年代,旅游业的发展速度已高居其他产业之首,成为世界上最大的产业。

然而,旅游业的发展也给社会带来了一些消极的影响,如各国在旅游资源开发利用过程中的失误造成了对资源、环境、生态的破坏,国际、国内旅游企业间的无序竞争、利益冲突等使旅游活动中的矛盾、冲突、纠纷增多且复杂化。如何处理好旅游活动与生态环境保护之间、旅游者与旅游经营者之间、旅游经营者之间、国际旅游业之间以及旅游的发展与政治、经济、文化之间的一系列错综复杂的社会关系呢?许多国家,特别是旅游发达国家已经逐步认识到通过法律手段来规范和调整上述社会关系的迫切性与重要性。因此,旅游业的发展导致旅游法的产生,旅游立法成为旅游业向前发展的迫切要求。

总之,旅游法是旅游业发展的必然产物,是为了规范旅游活动中的各种社会关系,保护和促进旅游业的健康发展而产生的。

二、旅游法的概念

"旅游法"作为一个概念提出来,是在20世纪50年代末60年代初。有关专家和学者对这样一个首先出现在旅游发达国家的新兴的法律部门开始加以研究。那么,什么是旅游法呢?旅游法是调整旅游活动领域中各种社会关系的法律规范的总称。

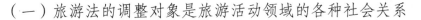

（一）旅游法的调整对象是旅游活动领域的各种社会关系

这些社会关系包括国家旅游行政管理机构与旅游经营者之间的关系、旅游者与旅游经营者之间的关系、旅游经营者与旅游经营者之间的关系、旅游经营者内部的关系、旅游者与旅游行政管理机构之间的关系、旅游涉外领域中的关系（如外国旅游经营者与中国旅游经营者之间的关系）等。这些社会关系都是在旅游活动过程中产生的，体现了旅游活动的特点，这也是旅游法区别于其他法的一个显著标志。例如，旅游者在旅游过程中会和旅游企业之间形成权利义务关系，旅游者同时也会与其他的法律关系主体形成社会关系，但是这些关系不是因旅游活动而产生的，无法体现旅游活动的特点，所以不属于旅游法的调整范围。

（二）旅游法是旅游法律规范的总称

旅游法包括国家制定或认可的调整旅游活动中所产生的社会关系的各种法律规范。它既包括一个国家发展旅游业的根本大法——旅游基本法，也包括涉及旅游活动各领域的单行的旅游法律、法规、规章，还包括散见于其他法律法规之中有关旅游的法律规定。从我国的情况来看，旅游法应当包括：由全国人民代表大会以及人大常委会审议通过的旅游基本法、国务院制定颁布的旅游行政法规、国家旅游行政管理部门制定的旅游部门规章、各地方人大常委会和人民政府制定的地方旅游法规和规章、我国政府缔结和承认的国际旅游公约与国际旅游协定等。

三、国外旅游立法概况

为了适应旅游业发展的需要，一些国家和政府针对旅游业及相关各行业制定了一系列政策、规章、法规和法律。综观世界各国，特别是旅游较发达国家的旅游立法体系，大致有三种情况：一是在通用性的法律、法规中规定有关旅游业的法律条文。例如，《德国民法典》中就有关于旅游契约的条文，这些条文是关于旅游政策方针、旅游企业及其经营原则、保护旅游者权益的法律。这些国家的立法者认为，旅游活动用通用性法律的一般规定就足以调整，不必针对旅游活动进行系统立法。二是针对旅游企业经营或旅游发展中出现的具体问题制定单行的旅游法律法规。例如，英国在1979年通过《旅游保证金法案》，比利时在1965年颁布《旅行社法》。三是制定一国发展旅游业的基本法律——旅游基本法。在一些旅游业比较发达、法制比较完善的国家，如日本、美国、英国、韩国、巴西、墨西哥等都已颁布了旅游基本法。

（一）日本的旅游立法

第二次世界大战以后，日本的旅游业随着经济的复苏逐渐发展起来，到日本旅游的外国人数很快超过了第二次世界大战以前的水平。在此情况下，迫切要求旅游各行业及交通运输、旅游资源开发和保护等相关部门迅速提高工作服务质量。为此，日本政府制定了包括旅行业法、与旅游相关的法律和旅游基本法在内的一系列法律，形成了一套完整的旅游法律法规体系。

1. 旅行业法

日本在旅游业发展过程中，出现了大批专门从事旅游业的商人，到 1952 年，旅游业商人总数已超过 500 人。在这些旅游业商人中，极少数人有欺骗旅游者、损害旅游者权益的行为，严重影响了刚刚发展起来的旅游业。为此，1952 年日本政府颁布了《旅行联络法》，规定旅游业商人须进行注册登记，对其进行必要的监督。该法在促进旅游业商人依法经营、维护旅游者利益方面起到了重要作用。

随着旅游业的发展以及不断商品化，《旅行联络法》逐渐不能适应需要了。为加强对旅游业商人的管理，日本政府于 1971 年制定了《旅行业法》，取代过去的《旅行联络法》。

《旅行业法》减少了有关管理的内容，增加了关于交易的内容，在旅游业种类、交易形式、旅游业务、各营业部门的设置、契约条款的认可和达成交易的书面交付等方面，都作出了明确而具体的规定。

进入 20 世纪 80 ～ 90 年代，日本旅游业又有了新的发展和变化，以海外旅行为主流的外出旅游人数不断增加，旅行方式多样化，承办旅行业务的方式复杂化，为了充分保护旅游者的利益，1995 年 2 月，日本国会批准通过了《日本旅行业法修改草案》，于 1996 年 4 月 1 日贯彻执行。该修改草案修改内容的要点包括：修订注册登记制度、改善营业保证金制度、改善旅行社等的业务工作、加强旅行社协会的指导权限。

此外，日本还制定了《国际观光饭店整备法》（1949 年）、《翻译导游法》（1949 年）、《国际观光振兴会法》（1959 年）、《综合疗养地域整修法》（1987 年）、《利用民间资金整修旅游设施临时措置法》（1986 年）、《标准旅行业约款》（1983 年）等有关旅行业的法律。

2. 与旅游相关的法律

为了适应旅游活动和旅游业发展的需要，日本对一些与旅游相关的行业也制定了相应的法律。早在第二次世界大战以前，日本为了有目的地保护旅游资源，就制定了一系列的法律，包括《历史古迹名胜天然纪念物保护法》（1911 年）、《国宝保护法》（1929 年）、《国立公园保护法》（1931 年）、《重要美术品保护法》（1933 年）等，这些法律对有效地保护日本的旅游资源起到了重要作用。

第二次世界大战以后，日本政府继续制定了一系列与旅游相关行业的法律，主要有《国际旅游温泉法》（1950 年）、《出入国境管理法令》（1951 年）、《进入国内检疫法》（1951 年）、《自然公园法》（1953 年）等。

3. 旅游基本法

20 世纪 60 年代，日本国民的旅游人数迅速增加，旅游业在国民经济中的地位日趋重要，然而长期以来，旅游业在日本并未做为一项经济文化事业来对待。为了尽快确立旅游业在国民经济中的地位，明确发展旅游业的基本方针，日本政府在总结旅游工作经验的基础上，于 1963 年 6 月制定了《日本旅游基本法》。

在旅游基本法的制定上，日本走在了世界其他国家的前列，这是日本旅游业得以快速发展的一个重要原因。

（二）美国的旅游立法

美国政府对发展旅游业十分重视。为保证旅游业的健康发展，协调和妥善处理旅游企业与旅游者之间及与政府之间的关系，美国政府制定了一系列的法律、法令和条例，既有各种单行的法规、法案，也有作为美国旅游基本法的《全国旅游政策法》。

1. 关于旅游的单行法规、法案

美国政府制定各种关于旅游的单行法规、法案，从多方面保证了旅游业的健康发展。

这些法规、法案，有的是关于保护公园和游览地的法律，对旅游资源的开发、利用和游览地的环境保护做了具体规定；有的是关于食宿业方面的法律，对旅馆、餐馆的开业、经营做了具体规定；有的是关于旅行社行业的法律，对旅行社的经营、开办等都做了规定，对旅行社的开办规定得尤为具体。

此外，对于旅游相关行业也有单行法规，如运输业法、商业法等，它们从不同侧面保证了美国旅游业的健康发展。

2. 旅游基本法

1979 年 5 月，美国政府颁布了本国的旅游基本法《全国旅游政策法》。该法共设三编，从国家发展旅游业的作用、设立全国旅游政策委员会的政策、旅游资源的保护、旅行游览发展公司的政策、旅游者的政策五个方面作出了规定。美国政府希望通过立法，在联邦政府、州和地方政府以及其他有关公众和私人组织之间建立起一种合作方式，并采取了一些行之有效的措施和方法，来执行全国旅游政策。

四、我国旅游立法与旅游法制建设

改革开放以后，我国旅游业发展迅猛，已经成为国民经济新的增长点，国家和旅游主管部门十分重视对旅游的立法和法制建设，到目前为止，我国已逐步建立起规范的旅游立法体系，涉及六个方面的法律和规章。

（一）国家大法

党的十一届三中全会以来，我国颁布的涉及市场经济的国家大法很多，如《专利法》《商标法》《公司法》《反不正当竞争法》《价格法》《消费者权益保护法》《劳动法》《合同法》《会计法》《统计法》《审计法》《中外合资经营企业法》《中外合作经营企业法》《外资企业法》等，这些经济法律对于保障社会主义市场经济的发展起到了极其重要的作用。

旅游业是一个综合性的经济行业，上述涉及市场经济的国家大法对旅游业的发展也起着至关重要的法律保护作用。

（二）旅游法

2013年4月25日，十二届全国人民代表大会常务委员会第二次会议审议通过了《中华人民共和国旅游法》（以下简称《旅游法》），自2013年10月1日起施行。

国家旅游局早在1982年就成立了《旅游法》起草领导小组和工作小组，1985年11月将送审稿提交国务院，因我国旅游业还在起步阶段，制定《旅游法》的基本条件尚不具备，故起草《旅游法》的工作暂时中断。1989年3月，国家旅游局再次把起草《旅游法》的工作提到议事日程，组织精兵强将，经过多次调研、论证、讨论、修改，形成送审稿。实行社会主义市场经济体制后，《旅游法》草稿涉及的相关内容需要重新调整，起草工作再次中断。1995年底，《旅游法》起草工作重新启动。2009年有关部门通过多种形式、多种途径，正式起草《旅游法》，终于得以在2013年颁布实施。《旅游法》从动议到出台将近30年，凝结了几代旅游和法律工作者的辛劳。《旅游法》能够出台，与我国旅游业的发展水平和地位、与旅游法制建设的进程密切相关，特别是与我国不断提升经济社会发展水平和不断完善法制体系紧密相关。

《旅游法》的颁布与实施，是我国旅游法制建设发展史上重要的里程碑。《旅游法》是一部综合性的法律，共设 10 章 112 条，除总则、法律责任和附则外，《旅游法》分别对旅游者、旅游规划和促进、旅游经营、旅游服务合同、旅游安全、旅游监督管理、旅游纠纷处理等方面作出了明确的规范，涉及行政、经济和民事法律规范，确立了政府统筹、部门负责、综合协调的旅游发展和管理机制。《旅游法》的这些制度和创新必将对我国旅游业的发展产生积极而重大的影响。

（三）国务院行政法规

目前，国务院专门针对旅游业制定的行政法规是《旅行社条例》《导游人员管理条例》《中国公民出国旅游管理办法》。

1985 年 5 月 11 日，国务院颁布了《旅行社管理暂行条例》，这是我国旅游法制建设史上第一个行政法规。它把分散在不同系统、归口于不同管理部门的旅行社，全部纳入旅游行业管理的轨道，在加强旅行社的管理、保护旅游者的合法权益方面，起到了十分重要的作用。随着我国经济体制改革的不断深入和我国旅游业的迅猛发展，旅行社业的情况发生了很大变化，出现的一些新情况、新问题，在《旅行社管理暂行条例》中无法找到相应的法律规定加以解决，旅行社法规急需补充修订。1996 年 10 月 15 日，国务院发布了《旅行社管理条例》，该条例在总结我国旅行社业近 20 年情况的基础上，对 20 世纪 80 年代出台的《旅行社管理暂行条例》作了较大修改。新条例的实施无疑更能适应社会主义市场经济条件下旅行社业发展的需要。为了认真履行我国加入 WTO 的承诺，适应我国旅游业对外开放的需要，2001 年 12 月 11 日，朱镕基总理签发了第 334 号国务院令，发布《国务院关于修改〈旅行社管理条例〉的决定》，对 1996 年《旅行社管理条例》进行了修改。但随着旅游业的迅猛发展，《旅行社管理条例》的许多内容已明显不能适应新形势的要求，从 2009 年 5 月 1 日起国务院颁布实施《旅行社条例》，原《旅行社管理条例》废止。2016 年 2 月 6 日，李克强总理签署国务院令第 666 号《国务院关于修改部分行政法规的决定》，对《旅行社条例》部分条款作了修改。

1987 年 11 月 30 日，经国务院批准，国家旅游局发布了《导游人员管理暂行规定》（以下简称《暂行规定》），该法规为我国导游队伍的建设和健康发展提供了法律依据。随着旅游业的不断发展，导游队伍不断壮大，导游人员的执业活动和对导游人员的管理等方面出现了一些新问题，针对这些问题，

《暂行规定》缺乏必要的可操作性和力度，使得修订《暂行规定》成为迫切要求。因此，为了规范导游活动，保障旅游者和导游人员的合法权益，国务院于 1999 年 5 月 14 日修订发布了《导游人员管理条例》。这一导游管理法规的发布，为我国导游人员队伍的建设和发展奠定了基础，进一步促进了旅游业的健康发展。

1997 年 7 月 1 日，国家旅游局、公安部经国务院批复，联合发布了《中国公民自费出国旅游管理暂行办法》，这是我国又一部旅游行政法规，它标志着我国公民自费出国旅游的开始。随着我国改革开放的进一步深入，中国公民出国旅游活动迅速发展。1997—2002 年，中国公民出国旅游人数由 532 万人次增长到 1212 万人次。为切实保障出国旅游者和出国旅游经营者的合法权益，规范旅行社组织中国公民的出国旅游活动，2002 年 5 月 27 日国务院总理朱镕基签署第 354 号国务院令，发布了《中国公民出国旅游管理办法》，自 2002 年 7 月 1 日起施行。

（四）地方旅游管理条例

改革开放以来，我国各个地方的党委、人大、政府都很重视旅游业的发展。在有的地方，旅游业已成为当地的龙头产业之一，然而随着旅游业的快速发展，旅游市场关系日趋复杂，许多不尽如人意的问题不断出现，如景点建设格调低下、重复建设严重、旅游市场混乱、恶性竞争不断、服务质量低劣、旅游者合法权益得不到有效保护等，严重影响了地方旅游形象。为此，急需将本地的旅游业管理纳入法制的轨道。各地方人大、政府对旅游立法和执法工作高度重视，目前全国已有海南省、河南省、河北省、武汉市等多个省市出台了旅游业管理条例。海南省人大在 1996 年 10 月通过了全国第一部地方旅游法规——《海南省旅游管理条例》。

这些地方旅游管理条例，一般都对本地旅游资源的开发和保护、旅游经营和管理、旅游者的权利和义务、旅游主管部门的职能等作出明确规定，同时还有对违反条例的有关行为给予具体处罚。条例的制定和颁布，使得地方各级旅游部门和旅游经营单位依法治旅、守法经营的意识大大增强。同时，这些地方性旅游管理条例的出台，也使全国性的旅游法规建立在比较坚实的基础之上。

（五）旅游部门规章

旅游部门规章是由国家旅游行政管理部门制定的一些规定和技术性规范，已经制定并在实行的主要有如下这些。

1. 旅行社管理方面的规章

除国家旅游局发布的《旅行社条例实施细则》外，我国还先后颁发了一批重要的有关旅行社管理的行为规章及规范性文件。

在旅行社及分支机构的审批登记方面，主要有国家旅游局发布的《关于外国企业在中国设立常驻旅游办事机构的意见》《中外合资经营旅行社试点经营出境旅游业务监管暂行办法》《关于加强对全国旅行社审批、登记、年检管理的通知》等。在旅行社质量保证金制度方面，主要有国家旅游局发布的《旅行社质量保证金存取管理办法》等。

2. 旅游饭店（酒店、旅馆等）管理方面的规章

除了国务院批准、由公安部发布的《旅馆业治安管理办法》之外，还有国家旅游局发布的《旅游饭店星级的划分与评定》等。

3. 导游人员管理方面的规章

除了国家旅游局在 2001 年 12 月 26 日制定发布的《导游人员管理实施办法》以外，在导游等级评定方面，国家旅游局发布了《导游员职业等级标准》《关于对全国导游员实行等级评定的意见》等；在导游证书管理方面，国家旅游局修订颁布了《导游证管理办法》等。

4. 出境旅游管理方面的规章

主要有 2002 年国家旅游局制定的《出境旅游领队人员管理办法》《旅行社出境旅游服务质量》等。

5. 旅游安全管理和保险方面的规章

为使我国旅游安全工作规范化和制度化，国家旅游局自 1990 年以来，先后制定发布了《旅游安全管理暂行办法》《旅游安全管理暂行办法实施细则》《重大旅游安全事故报告制度试行办法》《重大旅游安全事故处理程序试行办法》《漂流旅游安全管理暂行办法》《旅行社投保旅行社责任保险规定》《旅游安全管理办法》等。

6. 旅游投诉与纠纷处理方面的规章

主要有国家旅游局在 2010 年 5 月制定发布的《旅游投诉处理办法》。

（六）其他部门相关法律、法规

旅游业的发展离不开相关行业的协调与配合，这些相关部门的法律法规也是我国旅游立法体系大家庭中的一员。例如，在旅游资源方面有《文物保护法》《风景名胜区条例》《自然保护区条例》《森林法》《环境保护法》等；

在出入境管理方面有《中华人民共和国出入境管理法》《中华人民共和国海关法》等；在旅游经营和权益保护方面有《反不正当竞争法》《消费者权益保护法》《价格法》等。它们都在不同程度上对旅游社会关系起了调整和促进作用。

总之，我国的旅游立法从无到有，取得了很大成绩，我国已经构建起具有中国特色的完整旅游法律体系。这些法律法规在调整旅游业结构、规范旅游市场、解决旅游纠纷、调整旅游法律关系中的权利义务等方面起了重要的作用。

第二节 国际经济法的含义

对于国际经济法，传统的观点多认为其是调整国际经济关系的法律。然而，何谓"国际经济关系"在过去的半个多世纪里，基于社会背景、法律文化、研究方法和分析角度等多种因素的差异，学者们对其有不同的理解，并逐渐形成了两派主流学说，即以欧洲国际公法学派为代表的传统狭义国际经济法说（以下简称狭义说），和以美国"跨国法"为代表的实用主义广义国际经济法说（以下简称广义说）。从国际范围来看，广义说和狭义说这两种针锋相对的学说均有较为广泛的支持者，但也分别存在一些问题和缺陷，尚无法形成一个令人信服的、严谨的科学体系。

一、狭义说及其评析

狭义说是由欧洲的国际公法学者及日本的经济法学者提出的，其代表人物有英国的施瓦曾伯格，法国的卡罗，日本的金泽良雄、小原喜雄等。他们认为，传统的国际（公）法主要调整国际法主体之间的政治关系。但是随着国际经济交往活动的发展，在国际法的传统体系内，逐渐形成了专门调整国际经济关系的新分支——国际经济法。国际经济法作为调整这种国际法主体之间（即国家之间、国际组织之间和国家与国际组织之间）经济关系的法律规范，应视为国际（公）法的一个分支。由此，国际经济法的范围也仅限于调整国际法主体之间经济关系的国际公法规范，即"通过国家间对国际社会中的经济活动进行双边、多边调整，加以一定制约的国际法规范——条约的总和"。

狭义说注意到了国际经济关系的产生和发展对传统国际关系内容的充实，同时其学说严格秉承传统学科关于公法与私法、国际法与国内法的划分标准，因此具有一定的合理性和生命力。不过，狭义说以传统国际公法为立足点来研究国际经济关系，具有很大的片面性，不足以满足国际经济关系发展的需要。其片面性体现在以下三个方面。

（一）狭义说未能对国家间的经济关系加以区分

国家间的经济关系具有多重含义。从关系的性质来看，可以分为两类。第一，基于政治性目的的国家间经济关系。其主要是指国家与国家之间所开展的具有政治意味的经济交换活动，如战争赔款、政府间贷款、援助建设等。第二，基于经济性目的的国家对社会经济的共同管理调节关系，可称之为国际经济调节关系。前一类关系的主体通常局限于国家之间（但也可能通过国营甚至私营公司的活动来体现），强调的是横向的主权国家之间的平等关系。这类经济活动，因其含有浓厚的政治性，主要属于国际公法调整的范围。正如奥地利国际法教授霍恩温尔德所认为的，"在最广的意义上，国际经济法是指直接涉及国际法主体之间经济交换的国际公法规则"。而在后一类关系中，其主体是调节主体（由多个国家通过双边或多边条约组成的共同体）与被调节主体（国际化市场的参与主体，如跨国公司），强调的是调节主体与被调节主体之间的经济调节与被调节的纵向管制关系。由于国际调节既可以直接针对被调节主体的行为，也可以通过组成调节主体的国家运用国内法来间接实施，它又包含两类关系，即直接调节关系和间接调节关系。这种关系的性质主要是经济性的，因此，应当与国际公法所调整的含有经济因素的政治性关系相区别。狭义说未能揭示上述两类关系的区别，而将国家间在调节经济的过程中形成的合作关系等同于含有经济因素的政治性关系。

（二）狭义说未能正确揭示国家间经济关系的实质

尽管从广义上来说都属于国家间的经济合作关系，但是国家间经济关系仍可以按关系的性质，划分为基于政治性目的的国家间经济关系和基于经济性目的的国际经济调节关系。这两类关系具有不同的产生和发展历史。例如，国与国之间很早存在的一些具有政治意味的经济联系。但是，真正意义上国家间的经济性关系，也就是国际经济调节关系则发生在市场国际化达到一定程度以后，由于单纯依靠市场自发调节和国内法的调节不足以完成对国际化市场的有效管制，也不足以促进各国和整个国际社会在经济上的共同发展，而必须由两个或两个以上的国家通过合作来发挥国家调节经济的作用。此时国家间的经济交往随着经济全球化和市场国际化而被注入了新的内容，而且这种内容逐渐取代以往纯粹基于政治性目的的经济交往，而成为国际经济关系中最主要的内容。这正是导致国际经济法产生的根本原因。从当代国家间经济关系的实质来说，国家间之所以发生经济关系，并非基于单纯的国家政治性需要，而是基于国家调节经济、调节国际化市场及市场主体（私人、跨国公司）和行为的共同需要。

（三）狭义说未能全面揭示国际经济法的对象与范围

国际经济调节关系与单纯的国家间经济关系是两种不同层次的"公法"关系。国际经济调节关系建立在国家间经济合作关系之上，但是其内容要远远丰富于后一类关系。狭义说运用其"国际公法"，将国际经济法的对象局限于国家间横向、平等的经济合作关系。然而，国家间经济关系不仅仅是表象上的横向、平等的经济合作关系，这种纯粹的国家间关系只是其中的一部分，更重要的内容是国家基于纵向的、调节国际化市场及市场主体（私人、跨国公司）和行为的共同需要，而发生的国际经济调节关系。随着市场国际化程度的加深和国际调节机制的发展，这类国际调节关系不再局限于单纯通过国家参与来进行的间接调节，而是已经出现一些直接调节市场行为的国际法规范。

以调整国际经济调节关系的法律为例，一些规范已经突破传统国际（公）法规范的局限。众所周知，随着经济全球化和市场国际化的进程，市场主体的行为及其影响已经越来越多地超出一国的范围，所带来的法律问题也不是单纯依靠任何国家的国内法能够圆满解决的，相应的调节国际化市场的管制性规则也越来越多。这其中，既包括国家与国家之间所签订的通过国内法来实施的间接性的调节规则，例如，WTO 规则被认为是主要规制国家、政府的规则，各国通过修改国内法或重新立法来履行其国际义务，最终实现调节国际化市场的功能；也包括国际社会所共同制定的直接针对国际化市场主体施加义务的调节制度和措施，以实现对私人交易行为的直接调节。这里面所涉及的不仅是国家间的横向合作关系，还涉及国际性的调节主体对国际化市场的纵向调节关系；不仅包括为特定国家设定国际义务的间接规范，也包括给市场主体施加法律义务的直接规范。例如，《联合国跨国公司行为守则（草案）》、巴塞尔委员会关于跨国银行内部风险控制的一些直接的义务性规范。因此，它的内容超出了传统国际法的范围。从社会关系和法律规范的发展来看，上述为各国政府设定义务的规范，最终要依靠各国国内法加以实施，因此，这类间接规范只能被视为调节国际经济的初级规范。市场国际化在许多问题上所带来的挑战，可能更加需要国际社会共同地加以直接调节。对国籍日益淡化的跨国公司的管制问题，正是这种需要国际社会加以直接调节的一个典型。以反限制竞争为例，面对跨国公司的全球竞争行为，单纯依靠各国国内法来维持国际性市场的有效竞争已是杯水车薪，而主张本国竞争法的域外管辖又会带来更多的法律问题，势必需要国际社会共同制定规则来对跨国公司的行为直接加以管制。在这方面,《联合国跨国公司行为守则（草案）是一次有意义的尝试和开端,从国际经济关系的发展来看,虽然目前直接调整这类关系的国际性规则（即直接为私人设定国际义务的规范）尚不多见,但是将来必然会逐渐增多并成为国际经济法的主要内容。当然,国家仍然会在这种规范的参与制定和监督实施方面发挥重要作用。

综上所述,国际经济法是独立于国际公法的一个新的部门法,它与狭义说国际公法学派对于国际经济法调整对象与范围的认识,在研究角度和实体内容上存在着显著差异。

二、广义说及其评析

广义说缘起于以美国"跨国法"为代表的实用主义学派。其代表人物有美国的杰塞普、洛文费尔德、杰克逊等,日本的田中耕太郎、樱井雅夫等。他们认为,国际经济法所调整的"国际经济关系"应从广义上来理解,即理解为"跨国经济关系",而不单纯是"国家间经济关系"。所谓"跨国经济关系",除包括上述狭义说观点的国际法主体间的经济关系之外,还包括国家与他国私人之间、国际组织与私人之间及不同国家与私人之间的经济关系。由于国际经济法的对象不局限于传统国际法主体之间的经济关系,因此其范围也就包括调整上述各类关系的公法规范和私法规范、国际法规范和国内法规范,是一种"多门类、跨学科的边缘性综合体,其内容涉及国际公法、国际私法、国际商法及各国的民商法、经济法……是上述各类法律规范的部分内容的综合体"。

广义说不拘泥于公法与私法、国际法与国内法等传统的部门法划分标准,它从解决实际问题出发,对国际经济法的调整对象不再局限于考察国家间的经济关系,也不再单纯地用国际公法的理论来解释国际经济交往中的法律现象,具有一定的合理性和现实意义。不过,广义说国际经济法在调整对象上所采取的不区分公法和私法、国内法和国际法关系的一概包揽的体系,有过于宽泛之嫌,容易引发一系列问题。例如,作为同一个部门法组成的公法与私法规范在法律性质、调整方法上的差异性,国内法与国际法之间划分界限的模糊化,这些问题都影响了国际经济法作为一个独立的部门法所应具备的完整性与严谨性。

杰克逊认为,国际经济法的调整对象包括交易性关系（或称商事关系）和管制性关系（或称调节关系）,两者虽然都是包含经济因素的关系,但却具有本质上的不同:从关系的主体来看,交易性关系通常发生于私人与私人之间,而管制性关系则通常发生于国家与私人之间,相应地,调整它们的法在性质上也有所区别。以法律关系的构成为例，商事法律关系的主体通常仅限于私人（一些商事规范虽由国家参与制定，但国家只作为法的创制主体，而不是商事法律关系中的一方，即国家只为交易者设定交易规则，交易本身由商人凭意思自主来完成）；而管制性的法律（调节性的法律）则不仅由国家制定，而且国家本身作为一方介入经济调节法律关系之中，法律规范的关系就是调节者与被调节者之间的关系。至于调整方法和基本原则等问题，泾渭分明的情况也大致如此。例如，国际商事关系的调整规范多为选择性规范，以当事人意思自主为基础；而对于调整国际经济调节关系的国际规范，各国一旦接受则必须遵守，属于强制性的规范。因此，私人之间的跨国交易性关系与国家同私人之间的经济管制性关系虽然同属于经济关系，但它们是两种不同性质的经济关系。

从广义说学说的发展历史来看，许多国际经济法学者在初期之所以未曾将交易性关系同管制性关系仔细加以区分，而统称为国际经济关系，统一纳入国际经济法范畴，从而形成广义说国际经济法观点，有着一定的客观原因。从社会关系和调整特定社会关系的法的历史发展来看，在市场国际化程度发展到相当阶段以前，国际市场主要以交易性关系和调整交易性关系的商事规范为主，而调节性关系（管制性关系）和调整国际经济调节关系的国际规范虽然出现，但数量不多。因此，如果不考虑前一类关系和规范，则国际经济法的对象与范围有过窄之虞；加之当时的国际私法概念和理论尚未把国际商事关系纳入其中，于是国际商事关系和商事规范被理所当然地纳入广义说国际经济法的"怀抱"。另外，正如杰克逊所言"基于实用和务实的理由考虑"，由于国际调节关系与国际商事关系具有密切的联系，即从事国际商事活动的私人往往同时受到私法契约的约束和有关国家的管制，在解决跨国经济法律问题的时候，需要同时运用不同层次的法律，分析不同性质的关系。因此，广义说的国际经济法在发展的初期未对上述两类社会关系加以区分，而是笼统地将其称为国际经济关系也是在情理之中。

这种现象正如同国内经济法学界早期所认为，凡与经济有关的社会关系，无论是横向平等主体间的民商事关系还是纵向国家经济管理关系，皆属于经济法范畴一样。如对两者不加区分地纳入国际经济法所调整的国际经济关系范畴，国际经济法势必会陷入如同早期国内经济法被理解为"有关经济的法"的误区，而被人们认为是调整"国际经济"之法。正如我国国内经济法的发展轨迹，随着民商法的逐步完善壮大，经济法逐渐回归其应有的调整领域和范围。随着国际调节性法律的发展，特别是 WTO 多边贸易规则的建立，国际经济调节关系和调整这种关系的国际规范已越来越多，将两类不同关系纳入同一体系的不协调之处也表现得日益明显。

事实上，大多数广义说学者并未否认跨国经济关系由不同性质的关系所组成这一事实，也未完全忽视调整上述各类关系的不同法律在性质上的差异。然则，许多广义说学者何以仍然坚持其对象是包括国际商事关系、各国国内法上的涉外经济管制关系等在内的各种关系呢？其理由主要是基于解决实际问题的需要并考虑各类规范之间的联系性。通常，广义说国际经济法学者会用一个典型的例子来说明自己的观点：以一项普通的国际贸易活动为例，它会涉及私人之间的交易关系，受国际民商法和有关的国内民商法调整（如《联合国国际货物买卖合同公约》或国内合同法规范）；也会涉及各国对此项交易的涉外管制关系，受各国涉外经济法调整（如各国的海关法等）；还可能涉及国家与国家之间有关贸易管制的公法关系，受到这类管制性规范的调整（如WTO 有关协议）。对于该项贸易活动而言，这几种类型的关系和几种层次的规范是密切相关、不可割裂的。要解决因该项国际贸易活动所引起的法律问题，必须综合考虑各种关系和各种规范。

应当承认，在国际经济活动日趋复杂的今天，广义说从解决实际法律问题出发，主张用务实和联系的方法来考察国际经济生活中出现的法律问题，具有一定现实意义。我国国际经济法学产生至今，大多数学者均持广义说的观点，也正是由于广义说的研究和学习方法在一定程度上确实有利于提高解决实际法律问题的效率。但是，我们不能将解决实际法律问题的方法与划分部门法的标准混为一谈。美国跨国法的务实态度和研究方法是可取的，但是如果要真正建立科学的、严谨的国际经济法体系，仍不能完全脱离法律部门划分的基本传统。

三、对国际经济法的新认识

正是由于存在这样或那样的问题，因而不能圆满地解决国际经济法的定性问题。随着近年来市场国际化及法律规范的进一步发展，国内外出现了一些新的观点，原来坚持某种观点的学者也逐步调整着自己的观点。

早在 1980 年法国学者卡罗（D.Carreau）等人在《国际经济法》一书中提出：国际经济法是对国际经济贸易活动进行国际性管理和调整的法律，包括对来自国外的生产要素在一国领土上的机构设置进行调整和管理的法律以及对各种货物、服务和资本的国际交易进行调整和管理的法律。日本学者金泽良雄认为，国际经济法是从国际经济总体立场出发所形成的国际法秩序，即对国际社会中的经济活动通过国家间的双边、多边调整，加以一定制约的国际法规范——条约的总称。美国学者杰克逊在 1989 年出版的一部著作中指出，有些学者对国际经济法的定义过于宽泛，使得绝大多数的国际法都可以包括进去，因为规范国际关系的各种规则都同国际经济有着或多或少的关系。他认为应对国际经济法进行较有节制的界定，而卡罗等人在《国际经济法》中的定义就比较恰当。

杰克逊在1998年发表的《全球经济与国际经济法》一文中对国际经济法做了进一步划分，即国际经济法可分为"交易性和管制性的国际经济法"（transactional IEL&regulatory IEL），前者主要研究私人企业和其他当事人的跨国交易（中的法律问题），后者更加强调政府机构和国际组织（包括国家的政府机构，区域性的和全球性的国际组织）的作用，显然，前者是为市场主体设立交易规则的一种工具，即告诉潜在交易者应当如何与其他交易者开展"游戏"（to show "how to do it"），类似于国内法中的民商法规范。后者则直接由政府机构介入其中，构成法律关系中的一方，类似于国内法中的经济法规范。

杰克逊同时指出，可能是基于实用和务实的理由，国际经济法传统上主要研究跨国交易，但是有理由认为，在当今世界，理解国际经济法及其对政府和私人生活的影响时所面临的真正挑战，表明有必要将国际经济法主要视为"管制性法律"，类似于国内法中的税法、劳动法、反托拉斯法及其他管制性法律。显然，作为WTO问题专家的杰克逊教授，其这一论断注意到了国际经济关系中的深刻变化，即因市场国际化而带来的管制性的法律问题将会越来越多，相应的国际经济法律规范的内容也将发生变化，特别是随着WTO规则体系的建立，以往基于"实用"理由而纳入国际经济法体系的交易性规则在国际经济法中的地位将会逐步下降，而管制性的法律则将成为国际经济法的主要渊源近些年来，我国国内也有学者对调整国际民商事关系的法律规范是否属于国际经济法提出了不同的看法。左海聪教授认为，"广义国际经济法说"不尽符合部门法划分标准和原则。国际经济关系是"复合型"的，其中调整私人间国际商事活动的法属于国际商法，应当分立，它不宜同国际经济法合并。谢石松教授认为，国际经济法的调整对象应该包括国际社会各个国家或国际组织在单独或集体干预、控制和管理国际经济生活时所形成的纵向的国际经济管理关系，国际经济法的调整对象不应该包括国际间的商品流转关系。

这些观点虽然是基于不同的理由，有着不同的表述，但均把握了国际经济法的核心，即国际经济法是基于国际社会共同干预、调节国际化市场的需要而产生，是调整这种共同干预关系、共同调节关系的各种法律规范的总和。实际上，国际经济法的产生与市场经济的发展、国际化市场的形成有着密切的联系，与市场的发展相适应，国际经济法的出现标志着市场调节机制的进一步演化。这些管制性、调节性的法律构成了一种新的市场调节机制即国际调节。

法的对象是其所调整的特定的社会关系，它是划分法的部门的重要依据。广义说国际经济法学者多主张国际经济法调整国际经济关系，而国际商事关系显然也是经济关系，所以这些商事法律规范也属于国际经济法。殊不知"国际经济关系"乃是一个非常广泛的概念，它主要包括以下两类经济关系：一是在一般经济交换活动中各平等主体之间发生的商品货币关系，这属于商事关系；二是国际经济调节关系，它不是平等主体间的经济关系，而是调节与被调节、管理与被管理的关系。这两类经济关系的性质不同，因而调整它们的法在性质上也有所区别。

从法的产生来看，一个新的部门法之所以产生和客观存在，是因为社会上出现了大量新的社会关系，而原有的法不能胜任新的调整任务，国际经济法的产生正是符合这一特征。20世纪中期第二次世界大战结束前后，联合国及国际货币基金组织、世界银行、关税与贸易总协定等国际组织机构的建立以及相关国际法律文件的制定，标志着国际调节机制和国际调节法律的正式建立和形成。也正是在这时，法学界提出了国际经济法概念并逐渐将其作为一门新学科开展研究。因为当时出现的国际经济调节关系不同于早已存在的国际商事关系，也不同于此前已有的各国涉外经济管制关系；当时出现的调整国际经济调节关系的法律，也不同于早已存在的调整国际商事关系的私法，也不同于此前已有的调整各国涉外经济管制关系的国内法，鉴于该类法律具有明显的经济性，于是名之国际经济法。应当说，在当初学者们心目中所谓的"国际经济关系"和"国际经济法"，主要是指国际调节及其立法，即主要是这一类型的法才引起他们提出新的法律部门的构想。

所以，国际经济法即是调整国际经济调节关系的法，是基于国际经济调节关系的产生而产生，它有自己独特的调整对象和范围，有自己独特的调整方法和原则。它不需要在国际（公）法、国内法、国际私法（或国际商法）的夹缝中生存，也不需要抢占其他部门法的"地盘"。广义说的观点，事实上模糊了国际经济法部门法的独立性，反而不利于本部门法的发展。

需要补充说明的是，国际经济法学科内容和体系同法的体系是不尽相同的。国际经济法学科以国际经济法为研究对象，因此，法的内容和体系（特别是法所应有的、理论上的内容和体系）是构成学科内容体系的核心和基础。但是，法的学科除研究本身的核心法律制度和规定外，还需研究与之有关的其他部门法规范。随着法律体系的日趋复杂，部门法之间的联系也越来越紧密，这是不可否认的事实。无论是从国际调节、国家调节与市场调节三者的密切关系来看，还是从解决法律实务问题的需要出发，我们都需要打破法学研究的部门法界限，甚至需要打破法学研究和其他学科（如经济学、政治学）的学科界限。因此，基于维护国家主权的独立性和完整性，我们必须坚持国内法与国际法的严格界限。虽然基于不同调节方式在性质上的不同，属于私法范畴的民商法规范与国际经济调节规范不能混同，但是，从学习、研究乃至实际运用的角度来看，我们仍可以运用综合分析的方法，将与国际经济法具有紧密联系的社会关系和法律规范纳入国际经济法学的研究范畴。当然，部门法学仍主要以属于本部门的法律规范为主要研究对象，与本部门法具有密切联系的其他规范虽然具有一定的研究参考价值，但只能成为可选择的、相对次要的研究对象。

第三节　国际经济法的渊源

法律渊源一般是指法的外在表现形式，有时也指法的起源和发展。法的外在表现形式往往被称为法的形式渊源，法的起源和发展往往被称为法的历史渊源。本节所称国际经济法的渊源，是指国际经济法的外在表现形式，即国际经济法由哪些规范所组成。国际经济法的渊源以国际法规范为主，如根据广义说的理论，则还应包括国内法渊源和国际私人商事惯例。

一、国际法渊源

（一）国际经济条约

这里指广义的国际经济条约，包括国家之间、国家与国际组织之间，以及国际组织之间所缔结的，以条约、公约、协定和协议等名称出现的，以调整国际经济关系为内容的一切有法律约束力的文件，如《多边投资担保机构公约》，在国家、国际组织越来越深入地参与国际事务的今天，处理复杂和庞大的经济事务要求国家和国际组织积极参与到国际经济立法进程中来，而不是等待在长期的实践中自发形成习惯国际经济法规范。正是从这个意义上讲，国际经济条约构成了国际经济法的主要法律渊源。一般来说，国际经济条约作为国际经济法的渊源，其约束力仅以其缔约国为限。国际条约可以是双边的，也可以是多边的。双边的国际条约是指仅有两个缔约方的国际条约，多边的国际条约是指有三个或三个以上缔约方的国际条约。

（二）习惯国际经济法

习惯国际经济法的提法显然是为了区别于在国际经济交往中形成的国际私人商务惯例，其构成符合《国际法院规约》中有关国际习惯构成要件的要求。习惯国际经济法主要是指国际法主体之间在国际经济交往中经过长期反复实践所形成的，并经过各国所确认的具有法律约束力的惯例。

习惯国际经济法在现实的国际经济生活中并未被经常援引作为法律渊源。由于各国的利益冲突，形成习惯国际经济法的机会较少，且这些做法又往往被国际经济条约所接受。目前，习惯国际经济法在内容上主要表现为一些与国际公法习惯相重叠的东西，如国家领土主权、国际求偿、国家管辖豁免等。

（三）国际组织的决议

国际组织的决议在这里亦是泛称，是指由国际组织所做出的、对其成员国有约束力的一切文化，如欧洲联盟的各种条例、指令、决定，以及联合国的《各国经济权利和义务宪章》和《建立新的国际经济秩序宣言》等。

第二次世界大战以后，特别是 20 世纪 60 年代联合国做出的一系列决议，不仅确立了一些基本的国际经济法原则，而且为形成国际经济新秩序奠定了理论基础。不过，对于联大决议的法律效力，一直存在不同看法，主要有以下几种观点。

1. 传统国际法渊源说

这种观点认为，各国对联大决议的一致同意或接受，就构成了扩张的条约法。

2. 可作为习惯国际法的证据而存在

一些学者认为，联大的某些决议，体现了各国的集体行动，是各国重要的国际实践，因此可以作为习惯国际法存在的证据。

3. 国际软法说

国际软法是相对于国际条约和国际习惯这类硬法规范而言的，通常是指那些不具有法律约束力但又能产生一定法律效果的国际文件。

4. 区别说

一些学者认为，联大决议有不同的类型，应区分具体情况予以对待。虽然许多决议只具有建议的性质，或者纯粹是规定联合国内部事务的决议，但其中也有一些决议是旨在对国际法的原则进行宣告，这类决议的法律性质就应该予以尊重。

二、国内法渊源

国际经济交往，不论是私人之间的还是私人与国家之间的，均会受到国内法的管辖。

所以，一国处理涉外经济交往的法律也可以视为国际经济法的渊源。一国在立法方式上既可采取国内交易与涉外交易分别立法的模式，也可采取内外交易统一立法的模式，调整涉外经济交往的国内法主要包括一国的民商法与经济法。民商法主要调整私人之间的跨国经济交往活动，并且主要通过国际私法规则（冲突规范）确定其适用；而经济法则主要调整跨国经济活动中国家与私人（本国人与外国人）之间的关系。经济法适用于跨国经济活动中，存在的外国经济法的适用（即外国公法的域内适用）和本国经济法的域外效力问题。般而言，一国公法仅在本国领域内有效。但是，随着经济全球化的发展，各国经济交往日趋频繁与紧密，在一国境内发生的经济活动会对与该经济活动有关联的他国产生影响，因此，经济法的域外适用或者域外效力逐渐被国际社会所接受。经济法的域外效力最典型的领域是反垄断法，在制定有反垄断法的国家中大多数对反垄断法域外效力做了规定，我国《反垄断法》第二条规定："中华人民共和国境外的垄断行为，对境内市场竞争产生排除、限制影响的，适用本法。"这说明我国的反垄断法是具有域外适用效力的。经济法的域外适用还包括证券、银行、破产、外汇管制、进出口管制等领域。在国际私法领域也是逐渐接受外国公法的国内适用，如1980年《合同之债法律适用公约》第七条第（一）款规定："根据本公约适用某一国的法律时，如依情况，合同与另一国有密切的关系，则该另一国法律的强制性规定认为有效，但必须依该另一国的法律，不论何种法律适用于该合同，均必须适用此种强制性规定为限。在考虑此种强制性规定是否有效时，应注意此种规定的性质和目的，以及其适用或不适用的结果。"又如，《瑞士联邦国际私法法规》第十三条规定："本法对外国法的指定，包括所有依该外国法适用于该案件事实的法律规定，不得仅以该外国法律规定被认为具有公法性质而排除其适用。"

三、国际商务惯例

国际商务惯例主要是指由各种国际性民间团体制定的用以调整国际私人（自然人、法人）经济关系的各种商务规则。国际商务惯例是由跨越一国国界的经贸活动在长期实践的基础上逐步形成和发展起来的，其形成和发展的初期，一般尚未完全定型或正式成文。随着实践的积累，某些国际性民间组织便把国际商务惯例中比较定型的行为规范和行为准则，分门别类，编撰成文，供当事人选择使用，以便于实践。

国际惯例是指在长期国际实践中形成的、具有确定内容的、经当事人的采用便成为其行为规则的习惯性法律规范，国际惯例作为国际经济法的渊源可以是不成文的。但是，由于一些国际组织的工作，现在国际经济领域中的很多国际惯例已经成文化了，如由国际商会所制定的《国际贸易术语解释通则》等。此外，各类贸易协会或专业团体制定的标准合同与标准合同条款，也构成国际商务惯例的重要形式之一，如由波罗的海国际航运公会（BIMCO）制定的"金康"合同即统一杂货租船合同（GENCON）、统一定期租船合同（BALTIME）等。

第四节　国际经济法的基本原则

国际经济法的基本原则是指国际社会所普遍接受的、适用于国际经济法的各个领域并构成国际经济法基础的最一般性的规范。旧的国际经济秩序是以不平等、不合理、以垄断为基础的国际经济体制，统治着国际社会，并形成了一套维护发达国家利益的国际法律秩序。第二次世界大战后，广大发展中国家通过不懈斗争和努力所争取建立的新的国际经济秩序，是旨在建立平等的、合理的、互利的国际经济关系和体制，并通过联合国大会做出了一系列划时代的决议、宣言，已初步形成了维护广大发展中国家利益并又符合主权平等、互利互惠的现代国际经济法。1974 年联合国大会通过的《各国经济权利与义务宪章》共列举了 15 项指导国际经济关系的原则。其中，国家经济主权原则、公平互利原则及国际合作以谋求发展原则，对于建立新的国际经济秩序、调整国际经济关系具有直接指导意义。

一、国家经济主权原则

国家经济主权原则是国家主权原则在国际经济法领域的体现。国家经济主权原则的最初表现形式是国家对自然资源的永久主权原则，它集中体现在联合国大会 1962 年通过的《关于自然资源永久主权原则宣言》中。此后，在《各国经济权利与义务宪章》等文件中也做了进一步明确的表述。

国家经济主权是指国家在经济上享有独立自主的权利，"每个国家对其全部财富、自然资源和经济活动享有充分的永久主权，包括拥有权、使用权和处分权在内，并得自由行使此项主权，具体表现在如下几个方面。

（一）国家对本国自然资源、财富享有永久主权

一个国家的自然资源是直接附属于一国领土的财富，是生存于该领土上的国家民族生存和发展的物质要素，是国家经济主权的核心内容，是国家不可剥夺的一项基本权利。国家对位于本国境内的一切自然资源享有永久主权，表明国家有权自由勘探、开发和利用自然资源，同时也有权自由处置自然资源。任何一国都不应遭受经济、政治和其他任何形式的胁迫，以致不能自由地、充分地行使这一不容剥夺的权利。

（二）国家有对其境内的一切经济活动进行监督和管理的权利

国家基于属地优越权，对其境内的一切活动，包括外国资本的活动特别是跨国资本在本国境内的活动享有管辖权和管理权。各国有权管理和监督其国家管辖范围内跨国公司的经济活动，并采取措施保证这些活动遵守其法律、法规、规章、条例及符合其经济和社会政策。跨国公司不得干涉东道国的内政，应以公平的条件对发展中国家提供援助，转让技术和管理技能。

（三）国家有实行国有化的权利

国有化的问题长期存在着争议，包括国有化的合法性和补偿标准两方面。国家基于公益采取国有化征用、征收措施，应给予适当赔偿，因赔偿问题引起的争执，原则上由国有化国家国内诉讼或仲裁解决。这一原则是对国有化的合法性、合理补偿原则和国内管辖权的肯定。

二、公平互利原则

国际经济法中的公平互利原则包含公平和互利两个方面的内容。公平原则是法律所追求的价值目标，一般被认为是公正和平等。在国际经济法中，公正意味着在国际交往中，保证每一主体在适当的场合能获得适当的利益，能适用正确的规则。平等是国际法中的一个基本规则，指主体之间在相互关系上应有一致的地位和待遇。互利被认为是双赢，互相都能获取所需的利益。在传统国际法中，平等互利原则的出现是对国际法的重要发展，强调了形式上的平等和互惠制度，如国际地位的平等和相互给予优惠待遇。而此处所讲到的公平互利则更加强调实质意义上的平等和互利，因此，可以看作是对传统国际法平等原则的一种发展。公平互利原则的基本含义是所有国家在法律上一律平等，作为国际社会的平等成员有权充分有效地参与国际经济问题的决策过程并公平分享由此而产生的利益。

公平互利原则是国际经济关系和国际合作的基本原则。《各国经济权利与

义务宪章》规定："所有国家在法律上一律平等，并作为国际社会的平等成员，有权充分和有效地参加为解决世界经济、金融和货币问题做出国际决定的过程，并公平分享由此而产生的利益。"由于南北之间贫富悬殊，根据这一原则精神，不仅是要消除不等价的交换关系及任何歧视待遇，更重要的是要谋求实质上的平等。因而，在国际贸易方面，要求改善发展中国家的贸易条件，逐步消除关税壁垒和非关税壁垒及各种限制性的商业做法。在多边贸易谈判中，必须对发展中国家实行非互惠的特惠待遇原则。在技术转让方面，必须制定符合于发展中国家需要和条件的技术转让的国际行动准则，扩大发达国家对发展中国家在研究和发展计划及在创立适用本国技术方面的援助，使有关技术转让的商业惯例适应发展中国家的需要，并防止卖方权力的滥用。在国际金融方面，要稳定国际货币制度，以维护发展中国家货币储备的实际价值；发展中国家应有权充分和有效地参加关于制定公正持久的货币体系的一切决策过程，尽力使有足够的资金流入发展中国家；调整国际金融机构的贷款政策，发放贷款应优先以较优惠的条件照顾发展中国家。

三、国际合作与发展原则

随着世界经济一体化进程的加快，国际间的合作已成为国际经济关系的主流，合作以谋求发展是每个国家的必然选择，封闭和孤立只会走向衰落和贫穷。国际合作与发展原则也是国际法的基本原则，但在国际经济领域，这一原则显然具有天然的生命力，而且是现代国际经济关系的重要特征所在。

《各国经济权利与义务宪章》规定："国际合作以谋发展是所有国家的一致目标和共同义务。每个国家都应对发展中国家的努力给予合作，提供有利的外界条件，给予符合其发展需要和发展目标的积极协助，尊重各国主权平等，不附带任何有损于它们主权的条件，以加速其经济和社会的发展。"

国际合作与发展原则包括两个方面的含义：其一是合作，其二是发展。合作是发展的基础和手段，发展是合作的结果与目的。《联合国宪章》明确规定了合作的原则，规定各成员国应尽到国际经济和社会合作的义务，在广泛的领域内采取共同和个别的行动促进这一目标的实现。发展意味着每一个国家有权制定适当的政策以不断改善本国人民的生活水平和福利待遇。发展权被认为是一项人权，是一项国家的权利，是一项集体人权，是自决权的必然延伸。虽然发展权是每一个国家的权利，但是在现阶段，发达国家和发展中国家的利益在经济和信息全球化的今天，已经紧密结合在一起，只有共同发展，实现共同繁荣才是国际社会安定繁荣的根本。

尽管目前存在南北合作和南南合作的形式，但这两者显然都未取得理想的效果。南北合作的主要实践体现在《洛美协定》，即《欧洲经济共同体——非洲、加勒比和太平洋地区（国家）洛美协定》中，但对于发展中国家而言，《洛美协定》只是一个开始，许多问题的决定权和控制权都由发达国家所掌握。发展权要求发展中国家在实现自己国家的发展问题上负主要责任，但发达国家对发展中国家发展权的尊重和促进也是发展权原则的重要组成部分。因此，发达国家在南北合作方面，应进一步鼓励和帮助发展中国家的经济，在国际经济新秩序的建立上更多地考虑发展中国家的实际利益。而南南合作则因为种种原因并未取得实质性进展，其一是发展中国家缺乏必要的经济互补性所致，其二是发展中国家都希冀取得发达国家的援助和投资而进行的激烈竞争，导致它们之间的经济合作关系很脆弱。因此，加强各国之间的合作以谋求共同发展仍是今后国际经济秩序结构变革的基本动力和重要原则，同时也是各国所应具有的目标和共同责任。

第五节　旅游法律关系

一、旅游法律关系的概念及其特征

（一）旅游法律关系的概念

法律关系是由法律规范所确认的当事人之间的具有权利义务内容的社会关系，或者说，法律关系是指社会关系被法律规范调整之后所形成的权利义务关系。显而易见，任何法律关系都是由这个法律部门对特定的社会关系进行调整而形成的一种社会关系。例如，具有行政隶属性质的社会关系经行政法调整之后，就形成行政法律关系；婚姻家庭关系由婚姻法调整之后，就形成婚姻家庭法律关系。那么，在旅游活动中形成的社会关系，在被旅游法律调整之后，就会形成旅游法律关系。

旅游法律关系，是指由旅游法律规范所确认和调整，在旅游活动中所形成的当事人之间的权利义务关系。

（二）旅游法律关系的特征

旅游法律关系与其他法律关系相比较，具有如下特征：

1.旅游法律关系的存在，是以现行的旅游法律法规为存在前提的

旅游法律关系之所以产生，是由于有规定和调整这种关系的法律法规存

在，没有相应的法律法规，旅游法律关系就无从产生，否则就只能是一般的社会关系。例如，如果没有合同和旅行社管理方面的法律，旅行社和旅游者之间、旅行社与相关部门之间就不可能形成旅游法律关系。

2. 旅游法律关系的内容，是旅游法律法规规定的权利和义务

如旅行社有权自主经营旅游业务，有接受旅游行政管理部门管理的义务，这些权利和义务都是《旅行社条例》等法律法规确定的。

3. 旅游法律关系受国家强制力保护

国家运用法律的手段，确认和维护旅游权利和义务关系，支持和保证权利、义务人权利的实现和义务的履行，对不履行义务和侵犯他人合法权利的行为给予制裁。例如，旅游经营单位不按合同约定提供服务，就要受到相关法律法规的制裁。

二、旅游法律关系的构成要素

法律关系的构成要素是指结成当事人之间权利和义务关系的必要条件。这个条件就是法律关系的主体、客体和内容，即构成法律关系的"三要素学说"。这个学说是构成任何法律关系的"公理"。旅游法律关系也不例外，也是由主体、客体、内容三大要素构成的。

（一）旅游法律关系的主体

旅游法律关系的主体，是指参加旅游法律关系，拥有旅游权利并承担旅游义务的当事人。在旅游法律关系中，享受权利的一方称为权利主体，承担义务的一方称为义务主体。但在许多情况下，旅游法律关系中的双方当事人既享有旅游权利，同时又承担旅游义务。作为旅游法律关系主体，必须具有相应的主体资格，即必须具有权利能力和行为能力。在我国，能够作为旅游法律关系的主体主要有如下这些。

1. 国家各级旅游行政管理机关
2. 旅游者
包括国内旅游者和国际旅游者。
3. 旅游企业经营单位
包括旅行社、旅游饭店、旅游交通运输部门、旅游景区景点、旅游商店等。
4. 境外旅游组织
5. 与旅游业密切相关的政府管理部门
包括工商、公安、税务、海关、园林、文物等部门。

（二）旅游法律关系的客体

旅游法律关系的客体，是指旅游法律关系主体间权利和义务所共同指向的事物。例如，古迹、寺庙等是访古旅游法律关系的客体。在旅游法律关系中，如果只有主体和权利、义务，而无权利、义务所指向的具体事物，那么，作为旅游法律关系内容的权利义务就会落空，主体双方之间建立旅游法律关系就失去了意义。因此，旅游法律关系的客体，构成了旅游法律关系不可缺少的要素。根据我国旅游法律的规定，可以作为旅游法律关系的客体如下。

1. 物

物是指在法律上具有一定经济价值，在法律关系中作为财产权利对象的一切有形物质财富。物是法律关系中最普遍的客体。作为旅游法律关系中的物，主要包括各类旅游资源、各种旅游设施及旅游消费品等。

2. 行为

行为是旅游法律关系主体所进行的有目的、有意识的活动，主要有服务行为和管理行为。例如，旅行社根据旅游合同向旅游者提供某一线路的旅游服务，就是以服务行为作为客体；又如旅游行政管理部门对旅游企业行使的管理活动，是以管理行为作为客体。

3. 科学技术成果

科学技术成果是指旅游法律关系主体从事智力活动所取得的智力成果，既包括专利、技术秘密、科学发明等，也包括产品商标、企业名称标志、管理模式等。其所有权的使用和转让是有偿的，所以，科学技术成果也可作为旅游法律关系的客体。

4. 信息

信息是指反映旅游活动发生、变化和特点的各种消息、数据、情报和资料等。当今的时代是一个信息时代，开展旅游活动离不开大量的信息。信息的重要性，决定了政府部门和旅游企业都必须加强对信息资源的管理、收集、整理、汇总、分析、传递、储存和输出。这样，信息就成为旅游法律关系的又一类客体。

（三）旅游法律关系的内容

旅游法律关系的内容，是指旅游法律关系主体依法享有的权利和依法承担的义务。正是一定的权利和义务，把旅游法律关系的主体联结在一起。在旅游法律关系中，旅游权利和义务是相互对立，同时存在的。旅游法律关系的主体享有旅游法律法规所规定的权利，同时，也必须承担旅游法律法规所规定的义务。当主体一方的旅游权利因其他主体的行为而不能实现时，有权请求国家机关加以保护。

1. 旅游者的权利和义务

旅游者是旅游业赖以生存和发展的重要因素，是旅游法律关系中重要的主体。《旅游法》规定，旅游者享有的权利包括：旅游者有权自主选择旅游产品和服务，有权知悉其购买的旅游产品和服务的真实情况，有权要求旅游经营者按照约定提供产品和服务，旅游者的人格尊严、民族风俗习惯和宗教信仰受到尊重，残疾人、老年人、未成年人等旅游者在旅游活动中依法享受便利和优惠的权利，旅游者遇险时请求救助和保护的权利，旅游者人身和财产受损的赔偿权，等等。

《旅游法》规定，旅游者在旅游活动中所承担的义务主要有：文明旅游的义务，不得损害他人合法权益的义务，告知及配合的义务，不得非法滞留和擅自脱团、分团的义务，等等。

2. 旅游企业的权利和义务

旅游企业是旅游业的中坚力量，在旅游活动中发挥着重要的作用。根据我国法律法规的规定，旅游企业享有的权利主要有：在法律允许范围内的自主经营权，在业务范围内的自由缔结合同权，合法权益受到侵害时向主管机关申请予以保护的诉权。

与此同时，旅游企业要承担相应的义务。旅游企业作为经营者，根据《旅游法》，要承担安全、质量保证义务，不得实施商业贿赂的义务，对旅游者个人信息保密义务，报告义务，等等。

3. 旅游行政主管机关的权利和义务

根据有关法律法规的规定，旅游行政主管机关有权制定有关政策和规定，引导旅游企业合法经营；有权监督旅游企业的经营行为；有权协调各旅游企业之间及旅游者与旅游企业之间的关系，维护良好的旅游秩序。

作为政府管理旅游业的行政机关，旅游行政主管机关应当模范地遵守法律、法规、政策；依法行政，在法律规定的范围内对旅游业行使管理权；赔偿因其违反法律、法规、政策所造成的旅游企业的损失。

此外，旅游行政主管机关代表国家在国际旅游交往中要遵守国际法上主权平等、经济互利等原则，承担相应的国际义务，也享受国际法赋予的相应权利。

三、旅游法律关系的确立

是什么样的媒介把本来没有联系的当事人联系起来，从而确立旅游法律关系的呢？这就是旅游法律事实。

（一）法律事实的含义

法律事实是指能引起法律关系发生、变更或终止的客观情况。"客观情况"是一个内涵十分广泛的概念，无论是自然现象还是社会现象都可以说是客观情况。但是，不是所有的客观情况都能引起法律后果，只有那些能够引起法律后果的客观情况，我们才称其为"法律事实"。

（二）旅游法律事实的分类

能够引起旅游法律关系产生、变更和消灭的法律事实，按其性质可分为两类：

1. 行为

行为是指旅游法律关系主体为了达到一定的目的而进行的活动。行为按其性质可以划分为合法行为和违法行为两种。

合法行为，指旅游法律关系主体实施的符合法律规定的行为。这种行为我们又可以把它分为以下几类。

（1）法律行为

即旅游经营企业或旅游者为了实现引发、更改或终止权利义务的目的而发生的行为，如签订合同行为、履行工商登记行为、依法纳税行为等，它们受国家法律的保护。

（2）行政行为

即国家旅游行政管理机构依法实施行政管理权而发生法律后果的行为。如国家旅游行政主管部门依据有关法律对旅游企业进行宏观管理的行为、实施行政处罚的行为等。

（3）司法行为

即法院或仲裁机构的调解、仲裁和判决行为。如导游在旅游活动中权益受到旅游者或旅游行政管理部门的侵害，向有关法院起诉，法院对此作出判决。

（4）违法行为

指旅游法律关系主体实施的违反旅游法律、法规的行为。如旅行社的违约行为、拒纳所得税行为、国家旅游行政主管机关的不当罚款行为等。违法行为从性质上可分为民事违法、行政违法和刑事违法三种情况，无论是何种违法行为，都须承担相应的法律责任。

2. 事件

事件是指不以当事人的意志为转移但能引起旅游法律关系发生、变更或终止的客观情况。事件可以是自然现象，也可以是社会现象。但是，作为旅游法律事实的自然现象多限于足以能够引起旅游法律关系主体之间的权利义务关系发生变化和终止的自然灾害等不可抗力事件，例如，严重的自然灾害，可以导致某些旅游合同被迫取消。作为旅游法律事实的社会现象主要是指军事行动、政府的禁令、动乱、罢工等，它们都可能引起某些旅游法律关系的变化。

（三）旅游法律关系的产生、变更和消灭

1. 旅游法律关系的产生

旅游法律关系的产生，指的是因某种法律事实使旅游法律关系主体之间一定的权利义务关系形成。例如，旅行社和旅游者签订一份旅游合同，只要符合《合同法》和《旅行社条例》的相关规定，就会在旅行社和旅游者之间产生权利义务关系，并且这种关系受到上述有关法律的保护和监督。

2. 旅游法律关系的变更

旅游法律关系的变更，指的是因某种旅游法律事实使旅游法律关系的主体、客体和权利义务发生了变化。例如，甲旅行社接待了几位旅游者，双方签订了合同，可出团时，因人数不够，甲旅行社在征得这几位旅游者书面同意的情况下，将他们转让给乙旅行社出团，为此，这几位旅游者与乙旅行社再行协商签订新的合同。在此情况下，是主体的变化而引起旅游法律关系的变更。尤其要注意的是，旅游法律关系的变更不是随意的，它受到法律严格的限制，除因不可抗力事件或当事人事先协商一致以外，不得擅自变更，否则应承担相应的法律责任。

3. 旅游法律关系的消灭

旅游法律关系的消灭，指的是因某种旅游法律事实，使旅游法律关系主体间的权利义务关系终结。在实践中，旅游法律关系的消灭一般表现为主体各方权利义务的实现，如一个旅行社按合同规定圆满完成了某旅游团的接待任务，双方权利、义务关系即归于消灭。当然也有因主体间自行协商，或依法律规定，或主体消亡、破产等，而使旅游法律关系消灭的情况。

四、旅游法律关系的保护

（一）旅游法律关系保护的含义

对旅游法律关系的保护，实质上就是对旅游法律关系主体的权利和义务的保护，就是有关主管机关严格监督旅游法律关系主体正确行使权利、切实履行义务，保护旅游法律关系主体的合法权益不受侵犯，对侵害旅游法律关系主体合法权利和不履行义务者追究法律责任的行为。

旅游法律关系主体一般都能自觉地遵守旅游法律法规，正确地行使权利和履行义务。

但是，毋庸讳言，在现阶段，仍然存在着不能自觉遵守旅游法律法规，不能正确行使权利和正确履行义务，从而损害国家和人民利益的现象，甚至还会出现严重破坏社会主义经济秩序的犯罪现象。因此，在对旅游法律关系主体权利和义务的保护上，必须利用国家强制力来保证实现，保证其他旅游法律关系主体的合法权益得以实现，从而使我国整个社会主义经济有序地进行。

（二）旅游法律关系保护体系

为了切实有效地保护旅游法律关系，现在我国已经建立了一整套比较完备的保障体系。

1. 旅游行政执法保护

这是国家旅游行政管理机关和相关的国家行政管理机关（如工商、税务、卫生、公安等）通过行政执法活动所进行的保护，在其职责范围内，通过强制履行、行政处分、行政处罚和行政复议等手段来保护旅游法律关系。

2. 旅游仲裁保护

这是指仲裁机关以第三者的身份，对特定的旅游纠纷或争议进行调解、裁决和仲裁所作出的保护。例如，仲裁机构对合同纠纷、劳动争议的仲裁。

3. 旅游司法保护

这是人民检察院和人民法院对重大的旅游纠纷案件和行政案件，通过行使检察权和审判权所作出的保护。

（三）旅游法律关系的保护措施

根据我国相关法律法规的规定，对旅游法律关系保护的措施主要有：

1. 行政措施

这是国家行政机关对违反相关法律法规的单位和个人所作出的警告、罚款、责令停业整顿、没收非法所得、吊销营业执照等行政处罚。

2. 民事措施

这是指国家司法机关判令有侵权行为的一方或不履行义务者支付违约金、赔偿损失等。

3. 刑事措施

这是指人民法院对于构成犯罪的依法追究刑事责任。

第二章　旅游经济与旅游经济学

第一节　旅游经济

一、旅游经济的形成及其发展

旅游经济大致经历了萌芽、形成和发展三个阶段。

（一）旅游经济的萌芽阶段

旅游经济是在旅游活动有了一定的发展，并具备了一定物质条件的前提下才产生的一种社会经济活动。原始社会时期，社会生产力水平低下，人民的生活条件极为艰苦，再加上各种自然环境变化所引起的灾害及民族部落之间的争斗，人们不得不为了生存而发生经常性的空间转移活动。尽管这种为生存而进行的空间转移并非旅游，但其事实上已蕴含着旅游活动最基本的雏形。从原始社会、奴隶社会到封建社会的长期发展过程中，人类社会经历了三次大规模的社会分工，促进了社会生产力水平的不断提高。社会生产力的提高又促进了经济发展和剩余产品的增加，产生了私有制、阶级和国家，促进了社会分工和商品经济的进一步发展，促进了市场空间的不断扩大和商品交换活动范围的拓展。于是，围绕以商品生产、商品交换及各种商业活动为中心的旅游活动就产生了。

在漫长的古代历史中，旅游的发展与当时的社会政治、经济及文化发展相适应，出现了各种形式。例如，古希腊的朝拜、祭祀，阿拉伯民族的经商往来，孔子周游列国，玄奘西域取经，鉴真东渡日本，马可·波罗的出游，郑和七下西洋，徐霞客遍游中华大地，等等。这些旅游活动为旅游经济的产生打下了基础。但是，由于古代社会生产力不发达，社会经济的发展水平还不能促使旅游活动商品化，旅游活动最终没有成为一种商品化的社会活动，而仅仅是孕育了旅游经济的萌芽。

（二）旅游经济的形成阶段

旅游经济的形成是旅游活动向商品化发展的过程。从旅游经济的发展历史看，旅游经济的形成主要发端于 18 世纪的工业革命。18 世纪的工业革命，以机器大工业代替了工场手工业，形成了以机器大工业为基础的社会化大生产，促使社会生产力得到了迅速的提高，促进了资本主义商品生产和交换的迅速发展，从而为旅游经济的形成和发展提供了物质技术基础和经济条件。

第一，交通运输工具的改善，不但使社会化大生产的规模扩大、市场空间范围扩展，而且为人们有目的的大规模、远距离旅游活动提供了便利的物质技术条件。例如，美国于 1807 年开辟汽船内河定期客运航班；紧接着欧洲许多国家相继开设了蒸汽客轮经营服务；英国于 1830 年在利物浦到曼彻斯特之间开设了火车客运服务，到 1890 年已吸引了近 20 万美国游客。

第二，工业革命使资本主义社会生产力得到了迅速的提高，商品经济繁荣、兴旺，人们生活水平迅速提高和改善，为旅游经济的产生和发展创造了大量的社会需求。于是，伴随人们可支配收入的增加，交通运输条件的改善，以及工厂化制度的建立，旅游活动逐渐成为人们物质文化生活的组成部分，为旅游经济的形成提供了需求前提和经济条件。

第三，资本主义商品经济发展在为旅游经济形成创造大量需求的同时，各种专门从事旅游服务机构的建立标志着旅游经济的产生和形成。特别是 1845 年，英国的托马斯·库克成立了第一家包括食、住、行、游等旅游活动在内的旅行社，开了有组织地提供旅游活动的各种专门性服务的先河，从而促进了旅游活动的商品化进程。此后，各种以经营旅游业务为主的企业纷纷建立，各种旅游住宿、餐饮接待设施不断建设和完善，从而使旅游活动发展成为一种商品化的经济活动，逐渐成为社会经济活动的重要组成部分。

于是，具有现代意义的旅游经济正式形成了。

（三）旅游经济的发展阶段

旅游经济虽然形成于 19 世纪中叶，但一直到 20 世纪 50 年代才进入一个快速发展时期。如今，旅游业已成为世界经济中发展势头最为强劲的产业之一。旅游经济的发展突出表现在以下几个方面：

从世界旅游业的发展规模和速度看，增长速度已远远超过了世界经济的平均增长从世界旅游业对国民经济的贡献看，旅游业对国民经济的贡献远远高于那些被认为发展势头较好的产业。

从世界旅游业吸收就业人员及创汇水平看，旅游业吸收的就业人数已远远超过农业、纺织业、汽车工业、金属工业等。此外，在一些发达国家旅游业创汇占出口总收入的比重高达 20% 以上，成为国民经济中重要的创汇产业。

从世界旅游业的地位看，其在国民经济中是一个综合带动效应较强的产业，不仅可以直接创汇，吸收大量的劳动力，而且可以带动相关产业的发展，吸收更多的劳动力就业，增加更多间接收入，并带动旅游目的国的对外开放和经济发展。

综上所述，旅游经济已发展成为一个高增值、高就业、高创汇、高效益的新兴产业，在世界经济及各国经济发展中占有越来越重要的地位。许多国家，特别是发展中国家不仅积极推进旅游经济的产业化进程，而且都把旅游业作为经济发展的重点产业，积极扶持和发展。

二、旅游经济的特征、地位与作用

（一）旅游经济的特征

1. 大众性

自 20 世纪 50 年代以来，旅游经济不再是以少数富有者为主而进行的活动，而是一种面向人民群众的社会经济活动。特别是随着社会生产力的迅速提高，人们可支配收入的不断增加，以及工作时间的缩短，许多人不仅具备了旅游消费能力，也具备了外出旅游的时间和交通运输条件，从而推动了旅游活动的大众化。

2. 全球性

旅游经济已经不再局限于国内旅游或近距离旅游，而是打破了地域，发展成为一种全球性的社会经济活动。特别是 20 世纪 50 年代以来，科学技术的进步促进了通信技术和手段的现代化，促进了交通运输条件的极大改善，人们可以在较短的时间内，以较少的经济支出周游世界各地，获得更多的旅游需求的满足。同时，旅游经济活动的全球化发展，又增进了世界各国政府、企业及人民之间的交流和联系，为推进全球化的旅游活动创造了更好的条件。

3. 规范性

旅游经济在其发展过程中，还逐渐形成了一种有组织的规范化模式。无论是国际旅游还是国内旅游，通常都是由旅行社作为主要的组织者，统一组织分散的旅游者，依托各类旅游企业和旅游风景区，按照预定的旅游路线、活动内容和时间，提供综合性的旅游服务，满足旅游者多方面的需求。旅游者只需承担一定的费用就可以尽情地享受旅游的愉悦，不用再为旅游活动中的食、住、行等问题操心。

4. 持续性

自 20 世纪 50 年代以来，整个世界旅游经济始终保持了高速发展态势。旅游经济在国民经济中的地位和作用有了显著的提高。旅游活动成为人们生活中的一个重要组成部分，成为人们的一种经常性活动。此外，随着旅游经济的广泛开展，人们更加重视生态环境的保护和环境污染的治理，努力谋求旅游与自然、文化和人类生存环境的协调发展，以促进社会经济的持续发展。

（二）旅游经济的地位及作用

1. 旅游经济在国民经济中的地位及作用

旅游经济不仅在国民经济中占有重要地位，而且其对国民经济的发展及促进，对相关产业的带动，对经济结构的改善等都具有十分重要的作用。具体表现在以下几个方面。

（1）增加外汇收入

任何国家要扩大对外经济合作关系，就必须扩大外汇收入。而扩大外汇收入，一是通过对外贸易获得贸易外汇，二是通过非贸易途径获得非贸易外汇。在当今世界贸易竞争激烈，关税壁垒林立的背景下，旅游业作为非贸易外汇收入的来源渠道，作用是非常突出的。旅游业是一个开放性的国际性产业，通过旅游经济的发展，能吸引国际闲置资金的投入，参与国际市场竞争，改善对外经济关系。旅游业还能吸引国外大量旅游者，增加外汇收入。旅游业创汇能力强、换汇成本低，又不受各国税制限制，已成为各国创汇的重要手段。

（2）加快货币回笼

积极发展国内旅游业，不仅能够满足广大国内消费者对旅游的需求，而且能够大量回笼货币，确保市场的稳定和繁荣。特别是随着收入增加、生活水平提高，人们的消费结构得以改善，有更多的可支配收入用于旅游活动。因此，大力发展旅游经济，激发人们对旅游产品的购买动机，促进各种旅游活动的进行，就能扩大旅游消费，加快货币回笼；同时还能减少人们持币待购而造成的市场压力和风险，确保市场的稳定和繁荣。

（3）扩大就业机会

旅游业是一个综合性服务行业，能为社会提供大量的就业机会。旅游业本身就是包含多种服务内容的产业，并且许多服务项目不是用现代手段就能取代人力的，因而旅游业所需的就业人数相对于其他产业要高得多。再加上旅游业的带动力较强，除了自身迅速发展外，还能带动相关产业的发展，能为社会提供较多的就业机会。

（4）带动相关产业

旅游业虽然是一个非物质生产部门，但它的关联带动功能很强，不仅能带动物质生产部门的发展，而且能带动第三产业的迅速发展。一方面，旅游业的发展必须建立在物质资料生产部门的发展基础之上，没有一定水平的物质生产条件，就不可能为旅游业的发展提供基础，因此要发展旅游业，必然要促进各种物质生产部门的发展。另一方面，旅游业作为国民经济中的一个独立综合性的行业，其生存和发展与其他行业密切相关，能够直接或间接地带动交通运输、商业服务、建筑、邮电、金融、房地产、外贸、轻纺等相关产业的发展。

（5）积累建设资金

任何经济产业的发展都离不开资金的投入，但相对于传统产业，旅游业的发展主要依靠自身的经济效益，并且还能为其他产业发展积累资金。从中国旅游业看，旅游业是一个高投入、高产出、高创汇的产业。其经济效益的增长，不仅为自身发展创造了良好的条件，同时也为整个国民经济及社会发展积累了资金。

（6）带动贫困地区脱贫致富

贫困问题是全人类面临的巨大难题，世界许多国家都十分关注并提出许多解决问题的对策及措施。实际上，贫困地区虽然经济不发达，但是旅游资源丰富。因此，贫困地区通过开发旅游资源，大力发展旅游产业，不仅有利于充分发挥贫困地区旅游资源富集的特点，开发特色鲜明、品质较高的旅游产品，而且能够通过旅游开发及旅游业发展，带动贫困地区及其周边地区的人民群众脱贫致富，加快贫困地区的开发和社会经济的发展。

综上所述，旅游业在国民经济中的重要地位，决定了其在促进经济发展中具有显著的作用。因此，大力发展旅游经济，以旅游带动地区经济发展，进而促进整个社会经济的发展已成为广泛知识。许多国家和地区采取了许多措施来加快旅游经济的发展。例如，把旅游经济纳入国家的发展计划，增加旅游投资和设施，广泛进行旅游宣传，大力培养旅游人才，制定旅游法规，减免税收，简化出入境手续，等等。

2.旅游经济对政治的影响及作用

旅游经济的发展，不仅对经济具有影响作用，而且对国际政治及国内政治均产生相应的影响及作用。

（1）从国内情况看，生活质量的提高是每一个国家的任务，而旅游经济的发展就在于创造了一种高质量的生活方式及内容，是物质文明和精神文明

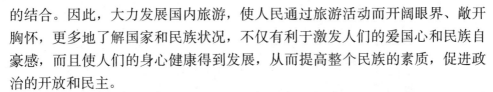

的结合。因此，大力发展国内旅游，使人民通过旅游活动而开阔眼界、敞开胸怀，更多地了解国家和民族状况，不仅有利于激发人们的爱国心和民族自豪感，而且使人们的身心健康得到发展，从而提高整个民族的素质，促进政治的开放和民主。

（2）从国际上看，通过国际旅游活动，一方面可以增进旅游者对旅游接待国的认识和了解，认清一些不正确的信息传播，提高旅游接待国在国际上的地位、知名度及影响。另一方面，旅游接待国也可借此机会增进对世界各国的了解，宣传自己的政治立场及观点，从而加深国家之间、人民之间的友谊。从对国际政治影响看，旅游经济的发展一般是以比较成熟的外交条件为基础的。

3. 旅游经济对社会的影响及作用

旅游经济对社会的影响，主要是指其对旅游接待国社会的影响。当旅游经济活动发生时，旅游者和旅游接待国的人民之间就发生接触并产生一种特殊的社会关系。正是由于这种特殊的社会关系，旅游经济对社会形成不同的影响及作用。

（1）从其对国际社会的影响看，大规模的旅游经济活动，使社会信息得到充分的交流，从而传播了现代文明，促进了各种社会关系的协调及进步。

（2）从其对国内社会的影响看，外国旅游者进入旅游接待国的影响表现在：一是前游者的"示范效应"，引起旅游接待国价值观念和道德准则的变化，如对生活方式的看法、对人生价值标准的转变等；二是引起旅游接待国社会结构的变化，特别是由于旅游业收入较高，女性就业率较高等特点，使旅游接待国的就业结构发生相应变化；三是引起旅游接待国生活方式的变化，特别是青年人受到国外旅游者的"示范"，有些人可能从中受到鼓励，而努力向上，成为社会中富有朝气的人才，也有些人可能更注重外国人的衣着及日用品，从而在生活消费方式上发生改变；四是引起社会环境的改善，如在交通条件、住宿设施、餐饮特色，乃至个人安全等方面都促使旅游接待国必须加以改善，才能满足国外旅游者的需求。

但是，旅游经济的发展对旅游接待国也会产生一些消极的社会影响。例如，旅游业把过多的基础设施和良好的旅游条件提供给国外旅游者消费，国内少数人会产生不平等的社会心理；少数国外旅游者的挥霍消费，会影响人们的价值准则；国外一些不健康的思想、行为的渗入，造成一些令人不满的社会行为。

总之，旅游经济发展对旅游接待国的社会影响是多方面的，有些是可见的，有些是潜在的，有些是积极的，有些是消极的。因此，要注意分析和研究，正确对待，以促使旅游业健康发展。

4. 旅游经济对文化的影响及作用

旅游经济对文化的影响及作用，主要表现在以下方面：

（1）旅游经济的发展促使民族优秀的传统文化得到发掘、振兴和光大。在旅游活动中，旅游者神往的是各民族独特的文化，它是各国发展旅游业必须珍重并充分利用的旅游资源。许多趋向于衰退和消失的优秀传统文化，只有在旅游的发展中才能重新复活并振兴和光大。

（2）旅游经济的发展促使民族文化的个性更加突出。现代文明的发展，促进世界各民族的文化交流，在文化交流中必然有选择和淘汰。旅游活动是推动世界各民族文化交流中最广泛，最深刻的方式，在旅游中，通过各种物质文化、非物质文化及语言的广泛交流，民族文化的精髓得到锤炼、保留及发扬，落后的东西则被逐步淘汰，各民族文化的个性更加突出，同时增强对旅游者的吸引力。

（3）旅游经济的发展有利于世界文化的共同发展，有利于整个人类精神文明的进步。因为，旅游经济活动促使各国人民具有了国际观念和开放意识，增强了人们对经济改革与发展的紧迫感，加深了各国人民之间的相互了解及友谊，促进了国家之间科技、文化的交流等，这些都从不同角度促进了整个世界文明的进步，但是旅游经济发展对文化也有一定的消极影响。一方面，外来文化的冲击，可能造成民族自卑心理的滋生和发展，使优秀珍贵的民族文化发生蜕变，甚至消退。一些腐朽的生活方式也会对民族文化的健康发展产生不利影响。另一方面，为适应旅游经济发展的要求，许多优秀的传统文化可能变成商业性的娱乐内容，从而失去其原有文化蕴含的特色及内容，并促使一些优秀传统文化的实质发生改变。

总之，旅游经济与文化是相辅相成的。从文化角度看，旅游经济也是一种文化现象。因此，在发展旅游经济的同时，必须对民族文化进行分析，以促使民族文化的特色及精华能随旅游经济的发展而发展。

5. 旅游经济对环境的影响及作用

旅游经济的发展促进了国民经济的发展，使世界上许多国家竞相大力发展旅游业，并促使各国重视对旅游资源及生态环境的保护，以实现旅游可持续发展。例如，国际、国内进行的各种世界遗产保护、自然保护区、风景名胜区、历史文物的评级和保护，既保护了人类社会的生存环境、优秀文化遗产，又为旅游经济的发展提供了丰富的内容。

但是，旅游经济的发展也会对环境产生不良影响，主要表现在：一是旅

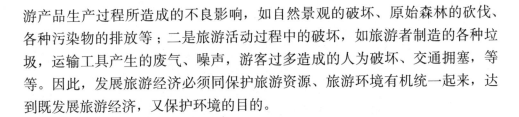

游产品生产过程所造成的不良影响，如自然景观的破坏、原始森林的砍伐、各种污染物的排放等；二是旅游活动过程中的破坏，如旅游者制造的各种垃圾，运输工具产生的废气、噪声，游客过多造成的人为破坏、交通拥塞，等等。因此，发展旅游经济必须同保护旅游资源、旅游环境有机统一起来，达到既发展旅游经济，又保护环境的目的。

第二节　旅游经济学

一、旅游经济学的研究对象和内容

（一）旅游经济学的研究对象

旅游经济活动过程中总是存在着旅游需求与旅游供给的主要矛盾及由此产生的各种矛盾，旅游经济学就是要揭示旅游经济活动过程中的内在规律及其运行机制，以便能有效地指导旅游工作实践，促进旅游业持续、协调发展。具体讲，旅游经济学的研究对象和任务主要有以下几个方面。

1. 研究旅游经济的形成过程及规律

旅游活动是人类社会发展到一定阶段的产物，是商品生产和交换发展的必然结果。

旅游经济是伴随旅游活动的发展而形成的。因此，旅游经济学研究的首要任务就是要分析旅游经济的形成条件，揭示其商品化过程的客观规律，以及其在社会经济发展中的作用和影响。

2. 研究旅游经济运行的机制及实现条件

旅游经济运行是旅游活动在经济领域的表现，而贯穿旅游经济运行的主要矛盾是旅游需求与旅游供给的矛盾，它决定了旅游经济运行中其他一切矛盾。因此，旅游经济学的研究应以分析旅游需求和旅游供给的形成、变化及矛盾运动入手，揭示旅游经济运行的内在机制，分析旅游供求平衡的实现条件，为旅游经济有效运行和顺利实现提供科学的理论指导。

3. 研究旅游经济的成果及实现状况

在旅游经济活动过程中，不同的参与者（如旅游者、旅游经营者）有不同的目标和要求，因而旅游经济活动是否有成效取决于其达到各参与者的目标的状况。简言之，就是旅游经济活动的效益。这些效益主要体现在三方面：一是旅游经济活动是否满足了旅游者的需求，从而需要对旅游者的消费进行分析和研究；二是旅游经济活动是否满足了旅游经营者的需求，从而需要对旅游经营者的收入和分配进行研究；三是旅游经济活动是否满足了旅游目的国的需求，从而需要对旅游经济活动的宏观效益和微观效益进行综合的分析研究。

4. 研究旅游经济的地位及发展条件

旅游经济是国民经济的有机组成部分，在国民经济中占有十分重要的地位，旅游经济的形成和发展必须以整个社会经济发展为基础，同时旅游经济的发展又对社会经济、文化及环境产生重要的影响。因此，必须研究旅游经济与社会经济各产业、部门间的相互联系，从整个社会的角度为旅游经济的发展创造良好的条件，以促进旅游经济健康快速、持续发展。

（二）旅游经济学的研究内容

旅游经济学的研究目的是通过对旅游经济活动过程中各种经济现象和经济规律的研究，揭示影响和作用于旅游经济活动的基本因素和经济关系，探索支配旅游经济运行的内在机制和规律，寻求获取旅游经济效益、社会效益及环境效益的最佳途径，并为各级政府制定旅游业发展规划及各项方针、政策和法规提供理论依据。为达到上述研究目的，旅游经济学的研究内容主要有以下几个方面。

1. 旅游经济的形成及产业标志

旅游经济是社会生产力发展到一定历史阶段的产物，是国民经济的有机组成部分。

因此，研究旅游经济首先应明确旅游经济的形成及发展特点，明确旅游经济产业的性质及主要标志，并从社会经济发展的角度把握旅游经济在国民经济中的重要地位，以及其对社会、文化和生态环境的作用和影响。

2. 旅游产品的开发及供求关系

旅游经济活动是以旅游产品的需求和供给为出发点的，但旅游产品具有不同于其他物质产品的属性和特点，因而必须研究旅游产品的科学含义及构成，把握旅游产品的市场寿命周期，并根据旅游产品的市场供求及影响因素，制定合理的旅游产品开发策略，实现旅游产品的供求平衡等。

3. 旅游产品的市场开拓及销售

旅游产品的供给和销售离不开旅游市场。因此，必须加强对旅游产品市场的研究，掌握不同分类市场的特点及竞争态势，采取合适的市场开拓策略，并遵循价值规律的要求，对旅游产品的价格进行合理的分类，掌握各种科学

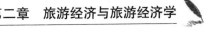

的定价方法和策略，促进旅游产品的销售。

4. 旅游产品的消费及合理化

旅游产品的消费是旅游经济活动的重要环节。由于旅游产品的特殊性，旅游消费直接表现为旅游经济活动过程之中的现实消费。因此，必须研究旅游者的消费倾向、消费行为和消费结构，探寻旅游消费的合理化途径，以实现旅游者消费需求的最大满足。

5. 旅游产品的经营成本及效益

追求旅游经济效益是旅游经营者从事旅游经营活动的主要目标，也是旅游目的地国家发展旅游业的基本目标之一。因此，要研究旅游产品的经营成本及投资，研究旅游的收入及分配，研究旅游的效益指标体系，并通过对旅游经济宏观和微观的效益分析，对旅游经济效益的实现作出合理的评价。

6. 旅游经济结构及发展

旅游经济不仅要研究旅游经济现象及其运行机制，还要研究旅游经济活动中各种经济关系以及它们对旅游经济发展产生的不同影响。因此，要研究旅游产品结构、产业结构、地区结构，以寻求旅游经济结构的合理化；要研究旅游业管理体制及制度、法规建设，以加强旅游业的行业管理；要研究旅游经济的发展格局和发展模式，以探寻促进中国旅游经济发展的最佳模式。

二、旅游经济学的研究方法

旅游经济学是一门综合性的学科，其研究的内容十分广泛，涉及多种学科的内容。

因此，要使旅游经济学的研究成果具有科学性，并能对实际工作具有指导意义，就必须选用科学的研究方法。

（一）坚持理论联系实际的方法

坚持理论与实际相结合，要求一切研究都要从旅游经济活动的客观实际出发，运用现代经济理论分析旅游经济活动中的各种经济现象和经济关系，解决旅游经济发展中的实际问题，揭示其发展变化的客观规律性，并上升为科学理论，用以指导旅游经济的实际工作。

坚持理论与实际相结合，必须以"实践是检验真理的唯一标准"为准绳，把对旅游经济现象、经济关系及经济规律的科学总结和概括，拿到实践中进行反复检验，并根据实践的发展进行修改、完善和充实，才能使旅游经济理论体系不断成熟和发展。

（二）坚持系统分析的方法

建立在系统论、信息论和控制论基础之上的系统分析方法，是一种新型的、综合型的研究方法。它强调从系统、综合的角度研究事物运动的客观规律性，从而克服研究问题中的狭隘、片面、孤立、静止、封闭的观点和方法。旅游经济虽然是从属于国民经济系统的一部分，但其本身也是一个系统，只有运用系统分析的方法，才能真正掌握旅游经济的整个理论体系和方法，有效地指导实际工作。

1. 坚持全面分析的方法

旅游经济是社会经济活动的一个子系统，其本身又是由各种要素所组成的系统。因此，在研究旅游经济时，既不能局限于旅游经济活动的某个方面或环节，更不能以地理划界而孤立地研究某个区域。因此，旅游经济的研究要着眼于旅游经济活动的全局，以整个社会经济为背景，才能揭示和掌握旅游经济的客观规律性。

2. 坚持历史的观点

根据历史唯物主义的原理，历史的发展与逻辑的发展总是一致的。因此，要掌握旅游经济的理论与方法，就必须从旅游活动的起源、旅游活动的商品化过程开始研究，并把它置于社会发展的不同历史时期来分析，按照社会生产力及经济发展水平的差别，认识旅游经济在不同社会发展阶段的特点及作用，才能科学地预见旅游经济的发展趋势，有效地指导旅游经济活动的实际工作。

3. 必须对旅游经济进行动态的分析

运动是客观世界永恒的规律，旅游经济活动也是动态发展的，这就要求运用动态发展的观点和方法分析和研究旅游经济活动。尽管有时为了掌握旅游经济的本质及规律，要对大量旅游经济的资料、信息进行客观的静态分析，但把旅游经济理论和方法应用于实践时，必须根据各种因素及条件的变化，作动态的分析和运用。

（三）坚持定性分析与定量分析相结合的方法

辩证唯物主义认为，任何事物都既有质的规定性，又有量的规定性。一定的质包含着一定的量，而量发展到一定程度必然会引起质变。旅游经济活动中的各种经济现象也都是质和量的统一。一方面，对旅游经济学中的许多范畴都具有质的规定性，才能区别各种不同的旅游经济现象。例如，旅游需求的质的规定性是由旅游者的意愿、一定的闲暇时间与一定的价格所确定的，而旅游供给的质的规定性则是由旅游经营者在一定时间、价格条件下提供旅

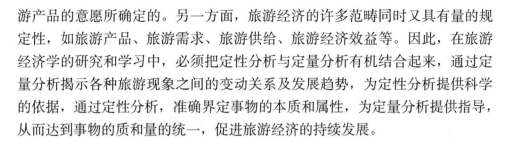

游产品的意愿所确定的。另一方面，旅游经济的许多范畴同时又具有量的规定性，如旅游产品、旅游需求、旅游供给、旅游经济效益等。因此，在旅游经济学的研究和学习中，必须把定性分析与定量分析有机结合起来，通过定量分析揭示各种旅游现象之间的变动关系及发展趋势，为定性分析提供科学的依据，通过定性分析，准确界定事物的本质和属性，为定量分析提供指导，从而达到事物的质和量的统一，促进旅游经济的持续发展。

（四）坚持运用多学科知识综合的方法

旅游经济是一项综合性的社会经济活动，其内容涉及人类生活、生产的多个方面。

因此，旅游经济的研究必然涉及经济学、旅游学、社会学、心理学、统计学、会计学、计算机科学等多学科的知识。因此，在研究旅游经济学时，要拓宽思路，开阔眼界，注意学习和了解其他相关学科的理论研究及发展，并充分运用其他学科的最新研究成果，不断丰富本门学科的内容，提高旅游经济的研究水平和对实践的指导。

三、旅游经济学与其他相关学科的关系

（一）旅游经济学与经济学的关系

旅游经济学是旅游学和经济学的交叉学科，是这两门学科研究领域重合的产物，是经济学的一个分支。旅游经济学是一门经济类的应用学科，经济学理论适用于旅游经济学。

（二）旅游经济学与旅游学的关系

旅游经济学是旅游学的一部分。旅游经济学与旅游学是特殊与一般的关系，两者相互促进。旅游研究发轫于旅游经济研究，而旅游经济研究为旅游学的形成打下了良好的基础。

（三）旅游经济学与其他旅游学科的关系

旅游是一种综合性的社会经济现象，从不同侧面在理论上反映和概括这种现象的学科甚多，这些学科同旅游经济学的关系大致可分为两类。

第一类是与旅游经济学成平行关系的学科，如旅游心理学、旅游社会学、旅游地理学、旅游美学、旅游法学等。

第二类是与旅游经济学成纵向关系的学科，如旅游市场学、旅游饭店管理、旅行社管理、旅游管理学等。

第三章　旅游产品及开发

第一节　旅游产品的概念与特征

一、旅游产品的概念

旅游产品是整个旅游开发活动的核心，是旅游业一切经营活动的主体。人们从不同的角度出发，对旅游产品的概念有不同的认识。

（一）从旅游市场角度的定义

从旅游市场角度看，旅游产品是指旅游者和旅游经营者在市场上交换的，主要用于旅游活动中所消费的各种物质产品和服务的总和。根据旅游市场中旅游者和经营者所交换的情况，旅游产品有单项旅游产品、组合旅游产品和整体旅游产品之分。

单项旅游产品，要指旅游者在旅游活动中，所购买和消费的有关住宿、餐饮、交通、游览、娱乐等物质产品。单项旅游产品通常只能满足旅游者某一方面的旅游需求。

组合旅游产品主要指旅游经营者根据旅游者需求，把食、住、行、游、购、娱等多种要素组合而成的产品，又称为旅游线路产品。在旅游活动中，单项旅游产品只是组合旅游产品的一个部分，只有通过旅行社将各种单项旅游产品组合起来或形成旅游线路产品，才能更好地满足旅游者的综合性旅游需求。

整体旅游产品主要指旅游经济活动中，某一旅游目的地能够提供并满足旅游者需求的全部物质产品和服务，又称为旅游目的地产品。其包括若干个单项旅游产品和若干条旅游线路产品，能够有效地满足旅游者的多样性旅游需求。

（二）从旅游需求角度的定义

从旅游需求角度看，即从旅游者的角度来看，旅游产品是指旅游者花费一定的时间、精力和费用所获得的一段旅游经历和感受。这个经历和感受包括旅游者从离开居住地开始，到达旅游目的地旅游、直到旅游结束又回到居住地的全部过程中，所接触的各种事物和所接受的各种服务的整个经历、体验和感受。由于人们的旅游需求是不断变化的，因此旅游产品不同于一般物质产品具有稳定的形态，而是随着旅游者需求变化而相应动态变化的。旅游产品的动态性，一方面体现了旅游产品满足旅游者需求的适应性，即在旅游产品的内容、组合结构、服务质量上存在着一定的差异性，才能满足旅游者不断变化的旅游需求；另一方面，这也增加了旅游产品质量管理的难度，从而要求构成组合旅游产品或整体旅游产品的各种单项旅游产品和服务，在质量上应当是均一的，结构上应该是配套的。这样才能保证整个旅游活动过程中各个环节的衔接和配合，使旅游者获得愉快的旅游经历、体验和良好的游后感受。

（三）从旅游供给角度的定义

从旅游供给角度看，即从旅游经营者角度来看，旅游产品是指旅游经营者凭借一定的旅游资源、旅游设施和其他媒体，向旅游者提供的，以满足旅游者需求的各种物质产品和劳务的总和。通过旅游产品的生产与销售，旅游经营者达到赢利的目的。旅游产品最终表现为劳动的消耗，即旅游服务的提供，旅游服务是指旅游业的员工凭借旅游资源、旅游设施以及其他必要的劳动资料，在旅游活动过程中，为旅游者提供各式各样的劳务以满足旅游者的需求。

二、旅游产品的特性

旅游产品是专门为了满足旅游者的需求而生产或开发出来的，它和其他的劳动产品一样，都可以在市场上进行交换，因此旅游产品也是一种商品。它和其他商品一样，具有一般商品的基本属性。

（一）旅游产品的使用价值

旅游产品的使用价值，除了具有满足人们物质或精神需求方面的效用外，还具有区别于物质产品的特殊性质。这种特殊性质具体表现在以下几方面。

1. 多效用性

通常，一般的物质产品或其他服务产品的使用价值，往往只能满足人们某一方面的需要，而旅游产品是综合性的劳务产品，它的使用价值是综合性的，能满足旅游者物质生活和精神生活的多种需要。旅游产品能满足旅游者旅游过程中的食、住、行等基本物质生活的需要，同时又能满足人们更高层次的观光、游览、娱乐等精神生活的需要。因此、旅游产品与物质产品或其他服务产品相比较，具有使用价值的多效用性。

2. 多层次性

旅游需求具有多样性的特点，因此在开发旅游产品时，要根据旅游者的不同需求、旅游产品成本及旅游市场的供求状况等，开发出若干不同规格档次的旅游产品。无论是哪一种规格档次的旅游产品，其使用价值都能满足相应不同层次旅游者的旅游需求，并同时提供各种不同功能的旅游服务，这也决定了旅游产品具有使用价值的多层次性。

3. 多样性

旅游产品的使用价值包括基本部分和附属部分。基本部分是指旅游产品可以满足旅游者最根本需求的那部分效用，它是旅游产品使用价值构成中必不可少的部分。如一次旅行过程中，旅游产品能够提供的"游"的部分、"行"的部分。附属部分是旅游产品价值构成中可有可无的部分，并不是对每一位游客在每一次旅行中都一定要体现出来。如医疗服务、通信服务、汇兑服务等，这些服务属于附属部分，一旦旅游者需要，旅游经营者也要义不容辞地提供，从而决定了旅游产品使用价值具有多样性的特征。

4. 暂时性

旅游产品的使用价值对游客来说具有暂时性。一般商品发生交换时，购买者通过支付货币给售卖者，获得商品的所有权和使用权，售卖者就失去了商品的使用价值而取得货币，商品的所有权和使用权就发生了转移，而旅游产品发生交换时，旅游者通过支付货币给旅游产品的销售者，获得的是旅游产品的暂时使用权。例如，当旅游者支付一定的货币从酒店购得一个床位后，旅游者可以暂时地、一次性地使用它。旅游者不能拥有床位的所有权，旅游者在离开酒店时，也不能将其带走。同时，旅游产品的交换不涉及所有权的转移，同一旅游产品既不能由任何人随意携带，也不能专门为某一旅游者个人独占和享受。因此旅游产品的使用价值可以供许多旅游者同时使用，旅游产品的使用价值具有暂时性。

（二）旅游产品的价值

价值是商品的社会属性，是凝结在商品中的一般人类劳动。旅游产品的价值和其他任何产品的价值一样，都是无差别的人类的一般劳动，是旅游产品凭借实物劳动产品的转移价值和提供旅游服务新创造价值的总和。

1. 旅游产品的价值

（1）旅游服务所凭借的基础设施、接待设施的折旧，向游客提供饮食和一切用品的原材料成本，旅游企业因自身经营管理和服务需要而消耗的各种物资和用品。

（2）支付旅游从业人员用以维持劳动力再生产所需消耗资料的价值。

（3）旅游从业人员创造的新价值。

2. 旅游产品价值量的确定

旅游产品的价值和其他任何产品的价值一样，都是无差别的人类的一般劳动，从价值决定和价格形成的角度来看，旅游产品价值量的大小取决于生产旅游产品的社会必要劳动时间。但由于旅游产品的特殊性，其价值量的确定具有以下特定的性质。

（1）旅游服务价值量的确定

旅游服务是旅游产品价值的核心，旅游服务质量的好 | 坏直接影响旅游产品价值的实现，在旅游设施条件相同的情况下，高水平的旅游服务反映旅游产品的质量好，价值大；而低水平的旅游服务则反映旅游产品的质量差，价值小。因而，旅游服务质量的优劣直接影响到旅游产品价值量的确定。通常，旅游服务质量的优劣，往往与旅游从业人员的文化素质、业务技能、职业道德水平密切相关，而与劳动量投入的多少无直接关系。因此，只有提供高水平、高质量的旅游服务，才能不断提高旅游产品的价值量，并保证旅游产品价值的有效实现。

（2）旅游资源价值量的确定

旅游资源是旅游产品构成的重要内容，旅游资源的种类和特色，决定了在旅游产品价值量的计算上存在较大差异。例如，人文景观中的历史文物古迹，除了是前人劳动的结晶外，历代人们的维修保养也付出了大量劳动从而使这些旅游资源具有无法替代的历史价值，这种价值无法以消耗多少劳动量去衡量。此外，某些自然旅游资源由于其特殊的价值和唯一性，其价值量也不能以劳动量消耗来估量。因此，某些旅游产品的价值量具有一定的垄断性，由此形成了某些旅游产品的垄断价格。

（3）旅游设施价值量的确定

旅游设施同其他物质产品一样，其价值量也是由凝结于其中的社会必要劳动时间来决定的。例如，就餐时的一个座位，是旅游产品中的有形部分，同一般商品一样，有其确定的投资成本，其所包含的价值也有一定的估算依据。但是，在旅游要素组合过程中，其价值量会随着组合变化而产生新的附

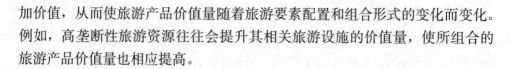

加价值，从而使旅游产品价值量随着旅游要素配置和组合形式的变化而变化。例如，高垄断性旅游资源往往会提升其相关旅游设施的价值量，使所组合的旅游产品价值量也相应提高。

三、旅游产品的特点

（一）综合性

综合性是旅游产品最基本的特点，从构成要素来看，旅游产品是由旅游吸引物、旅游设施、旅游服务等诸多要素组合而成的。这其中既有有形要素，也有无形要素；既有物质要素，也有精神要素，从生产部门来看，旅游产品的生产和提供涉及诸多部门和行业。这其中既有直接面向旅游者的旅行社、饭店、景区（点）和交通运输等部门和行业，也有间接面向旅游者的工业、农业、建筑业、金融保险业等行业；既有以物质生产为主的行业，也有以非物质生产为主的行业；既涉及经营性部门，也涉及非经营性部门。从旅游消费来看，旅游者的旅游消费几乎都包含了食、住、行、游、购、娱等要素，而且要求在质量上均等，在构成上配套，在内容上丰富。旅游产品的综合性特点决定了旅游业各部门协调发展和开展联合营销的必要性和重要性，也要求旅游目的地在开发旅游产品时必须全面规划、统筹安排。

（二）无形性

旅游产品的无形性主要表现在以下两个方面：一方面，旅游产品服务内容的无形性。只有当旅游者到达旅游目的地享受到旅游服务时，才能感受到旅游产品的使用价值，而当旅游者在做旅游目的地的选择时，一般见不到旅游产品的形体，在旅游者心目中只有一个通过媒介宣传和相关渠道介绍所得到的印象。

另一方面，旅游产品的价值和使用价值不是凝结在具体的物上，而是凝结在无形的服务中。只有当旅游者在旅游活动中享受旅游服务时，才能认识到旅游产品使用价值的大小。也只有当旅游者消费旅游服务时，旅游产品的价值才真正得以实现。因此，旅游产品质量的评价取决于旅游者个人主观感受的满意与否。

旅游产品的这一特性表明，在大体相同的旅游基础设施条件下，旅游产品的生产及供应可以具有很大差异，因此旅游产品的策划应较多地依赖于无形产品的开发，即提高旅游服务的质量和水平。

（三）不可转移性

旅游产品的不可转移性具体表现在以下两个方面：一方面，旅游产品的所有权不可转移。旅游产品同一般产品一样必须通过市场交换才能实现其价值和使用价值。一般产品一旦被消费者购买，其所有权就随之转移到消费者手中，然而，旅游产品被旅游者购买后，其价值和使用价值得以实现，但不发生所有权的转移，只是使用权的转移。旅游者购买了旅游产品后，只是在规定的时间里获得了旅游产品的使用权，但无权将旅游产品据为己有，另一方面旅游产品具有空间上的不可转移性。旅游产品中的旅游资源、旅游设施等产品在空间上是相对固定的，旅游者只能前往旅游产品的生产地进行消费，不是把旅游产品运送给旅游者消费，即发生位移的是旅游者而不是旅游产品。正因为如此，交通运输成为旅游活动得以完成的重要技术手段。

（四）生产和消费的同一性

旅游产品的生产与消费基本上是同时进行的。旅游产品的生产过程同时是旅游着对旅游产品的消费过程，两者在时空上不可分隔。旅游产品的生产必须由旅游者直接加入其中，才能有效完成对旅游者的服务。也就是说，在旅游产品的生产过程中，生产者与消费者必须直接产生联系，两者之间是一种互动的行为。旅游产品生产与消费同一性的特征，使旅游产品无法像其他有形产品那样暂时销售不出去可以储存起来。旅游产品的时间性很强，无论是一条旅游线路还是一间客房，只要有一天无人购买，这一天的价值就损失了，并且永远不复存在。这就要求从事旅游业者切实树立"顾客第一"的经营理念，努力开发适合旅游市场需求的旅游产品，完善旅游设施、充实服务内容、提高服务质量，通过各种措施与途径平衡游客的时空分布，从而提高旅游对象资源和设施的利用率，实现更多的旅游产品价值的转移，获得尽可能多的经济收益。

（五）易损性

易损性是指产品的使用价值和价值的实现受多种因素的影响和制约而易于被折损的现象。旅游产品受外部环境中不可控制因素的制约比较大，具有易损性的特点。

首先，旅游产品是满足人们在旅游过程中食、住、行、游、娱、购多方面需要的综合性产品。在旅游产品的多方面构成中存在一定的比例关系，如接待一定量旅游者需要多少不同规模、档次的饭店、餐饮设施，多少交通运载能力，什么样的运输方式，需要多大的游览娱乐空间，什么类型的吸引物，不同层次旅游服务人员的数量和比例，等等。这些都要有一个合理的数量结构，任何一部分的超前或滞后都会影响旅游经济活动的运转。而旅游产品构成中提供产品和服务的各行业和部门之间的比例失调或经营不利，都会影响旅游产品的整体效能，从而影响旅游产品的使用价值和价值的实现。

其次，旅游产品往往受制于季节和假日等外部因素的制约，如四季温差造成旅游市场需求的淡旺季，传统节假日和休假时间的增多也引起旅游周期性的波动，影响旅游产品价值的实现。

最后，旅游产品的易损性还表现在旅游活动必然会涉及人与自然、人与社会和人与人之间的诸多关系。诸如战争、政治、国际关系、政府政策、经济状况、汇率以及血缘文化等的变化都会引起旅游需求的变化，从而影响旅游产品价值的实现。

第二节　旅游产品的构成

一、旅游产品的一般构成

（一）旅游产品的核心部分

旅游产品的核心部分一般是指旅游吸引物和旅游服务，是旅游产品提供给旅游者的基本效用和利益，这也是旅游产品最基本的部分。旅游吸引物是旅游业发展的基础和条件。旅游吸引物按其成因分为四大类，即自然性吸引物、历史性吸引物、社会性吸引物和现代人工吸引物。旅游服务是依托旅游吸引物和一定的接待设施向旅游者提供的优质服务。

（二）旅游产品的外形部分

旅游产品的外形部分是指旅游产品在市场上出售时的实物或劳务的外观。旅游产品的外形部分主要与旅游产品的物质载体、质量、特色、品牌、包装、声誉及组合方式等有关。旅游产品的物质载体是以物化劳动表现出来的实体部分，如各类旅游景区景点、各种旅游接待设施、服务设施、娱乐设施等。旅游产品的质量、特色、品牌、包装、声誉是依托各种旅游吸引物和旅游设施而反映出来的外在价值，也反映了旅游产品在旅游市场和旅游消费者心目中的整体形象，是激发旅游者旅游动机，吸引其前来观光游览的具体外观旅游产品的组合方式也是旅游产品的外形部分之一。旅游产品的各种构成要素组合成不同种类的旅游产品，能满足旅游者多样化和个性化的需求。

（三）旅游产品的延伸部分

旅游产品的延伸部分是指旅游者购买旅游产品时所得到的全部附加服务和利益，是旅游经营者提供的核心产品的延伸和进一步完善。例如，帮助旅游者作旅游决策的咨询服务，旅游活动结束后的跟踪服务，在购买旅游产品时给予的各种优惠条件，额外赠送的有形产品（如旅游地图及旅游手册、纪念品）或劳务服务（如加床服务、叫醒服务，等等）。这些都会带给旅游者意料之外的利益和惊喜。旅游产品的延伸部分尽管不是旅游产品的主要构成部分，但它在旅游产品生产和经营中却起着举足轻重的作用，是旅游企业的竞争手段之一。

二、旅游产品的需求构成

（一）按旅游者消费需求的内容来分

从旅游者消费需求的内容来分析，旅游产品需求构成主要包括旅游饮食、旅游住宿、旅游交通、旅游游览、旅游娱乐和旅游购物六个方面。

1. 旅游饮食

餐饮是旅游活动过程中不可或缺的基本要素之一。旅游者通过餐饮，满足基本的生理需要。同时，旅游者在用餐过程中特别是享用具有浓郁地方特色的风味餐饮时，品味感受异域文化、体验风土人情，并享受与之相对应的富有特色的饮食服务，可以获得精神文化上的愉悦和享受。

2. 旅游住宿

旅游住宿主要是指酒店为旅游者提供的住宿床位和相应的服务，是旅游产品构成中又一重要的基本要素。酒店的档次、产品的结构、设施设备的完善性、服务水平的高低、价格的合理性等都将影响到旅游产品的质量。

3. 旅游交通

旅游交通是旅游产品构成中一个必不可少的基本要素。它帮助旅游者在居住地和旅游目的地、各旅游城市、景区景点之间实现空间位置的移动，达到旅游的目的。交通运输设施和交通工具的多样化、现代化有利于旅游活动的顺利进行，也为旅游业的发展创造了有利的条件。

4. 旅游游览

游览观光是旅游者的主要目的，也是旅游活动的核心内容。游览观光的对象是旅游目的地的各类旅游资源。它们是对游客具有核心吸引力，能吸引人们前来游览观光的各种事物和因素的总和。

5. 旅游娱乐

旅游娱乐是指旅游者在紧张劳累的旅途中进行的各种娱乐活动。娱乐项目是旅游产品的基本构成要素之一，也是现代旅游中综合型非观光旅游的重要内容。娱乐产品应当融知识性、趣味性、文化性、参与性、健康性于一体。娱乐项目应当品种多样、内容丰富，并可充分利用现代高科技成果。

6. 旅游购物

旅游购物是指旅游者在旅游途中购买商品的消费活动，这类商品以实物形态存在，主要包括各种工艺美术品、文物古玩及其仿制品、土特产品、旅游食品、旅游纪念品和旅游日用品等。这些商品除一小部分作为生活必需品被消耗外，大部分在旅游结束后被旅游者带回家中。这些商品具有纪念性、实用性、艺术性、欣赏性、收藏性等特点，同时旅游者可将其作为馈赠亲友之佳品。旅游购物消费潜力巨大，较之食、住、行基本旅游需求具有更大的弹性，在旅游收入中占有很大比例。

（二）按游客消费需求的程度来分

根据游客对上述消费内容的需求程度的差异，旅游产品可分为基本旅游产品和非基本旅游产品两类。

1. 基本旅游产品

基本旅游产品是指对任何旅游活动都是必需的旅游产品，是保证旅游活动顺利进行的基础条件。如饮食、住宿、旅游交通、游览是旅游活动中必不可少的，饮食和住宿提供旅游者所需的生活和环境条件，交通是实现旅游者空间位置移动的手段，游览是旅游者旅游活动的主要目的。旅游者在基本旅游产品上的消费具有相对稳定性，其消费支出额也很有限。

2. 非基本旅游产品

非基本旅游产品是指并非每次旅游活动都需要，旅游者也不一定购买，且需求弹性相对较大的旅游产品，如旅游购物、商务秘书服务、医疗保健服务、邮电通信服务、修理服务、代看小孩宠物服务等。对非基本旅游产品，旅游者消费需求差异很大。因此，旅游者在非基本旅游产品部分的消费具有很大的潜力，特别是在购物方面。

三、旅游产品的供给构成

（一）旅游吸引物

旅游吸引物是指在自然界和人类社会中能对旅游者产生吸引力，可以为旅游所开发利用，并可产生经济效益、社会效益和环境效益的各种事物和因素。旅游吸引物是旅游者选择目的地的决定因素，它既可以是物质的，也可以是非物质的，代表着各旅游目的地的特色和不同民族的文化传统。旅游吸引物是旅游产业的关键。旅游产业是为旅游者服务的，而旅游吸引物才是吸引游客前来的动力源泉，没有旅游吸引物，就没有旅游者，也就没有服务的对象，旅游产业将无从发展。

旅游吸引物根据其性质分为自然吸引物和人文吸引物。

自然吸引物外为四类：一是地方景观类，如名山、洞穴、沙滩、火山熔岩景观等；二是水域风光类，如海洋、湖泊、瀑布、温泉、漂流河段等；三是生物景观类，如森林、草原、古树名木、奇花异草、野生动物栖息地等；四是气候气象类，如雾裕、佛光、海市蜃楼等。

人文吸引物分为三类：一是古迹和建筑类，如古城墙、宫殿、楼阁、塔、桥、人类文化遗址等；三是休闲求知健身类，如民俗风情、节日庆典、博物馆、动物园、植物园、主题公园、运动游乐场馆等；三是购物类，如地方土特产品、庙会、购物中心等。

（二）旅游设施

旅游设施是直接或间接向旅游者提供服务所凭借的物质条件，是旅游者完成旅游活动所必须具备的各种设施、设备和相关物质条件的总和，一般分为旅游服务设施和旅游基础设施两大类。

旅游服务设施是指旅游经营者用来直接服务于旅游者的凭借物，主要包括住宿、餐饮、交通、娱乐等设施。

旅游基础设施是指旅游活动有效开展必不可少的各种公共设施，包括道路、桥梁、供电、供水、供热、通信、排污、消防等。这些设施虽然不是直接为旅游者建设的，但在旅游经营中它是直接向旅游者提供服务的旅游企业和部门必不可少的物质保证，是旅游业赖以生存的基础。

（三）旅游服务

旅游服务是旅游产品的核心，它是旅游经营者向旅游者提供服务的过程。在整个旅游过程中，旅游者购买的旅游产品除了餐饮和旅游纪念品外，大量的是享受旅游过程中的各种服务。

旅游服务按旅游活动的过程分，包括售前服务、售中服务和售后服务三部分。售前服务是指为旅游者在出行前提供的准备性服务，如旅游咨询、签证、办理出入境手续、进行货币兑换、保险等业务。售中服务是指在旅游过程中向旅游者提供的各种服务，包括食、住、行、游、购、娱及其他服务。售后服务是指在旅游者的旅游活动结束后提供的离开旅游目的地的服务，包括办理出境手续、托运及委托代办服务等。

旅游服务按其内容分，包括服务观念、服务态度、服务项目、服务价格、服务技术等。服务观念是旅游服务从业人员搞好服务工作的前提。服务态度则是服务观念的具体化，只有牢固树立为旅游者服务的观念，才能有良好的服务态度。服务项目是向旅游者提供的各种服务，服务项目的多少和质量是旅游企业竞争的关键要素。服务价格是旅游服务内容和质量的货币表现形式，它与服务的内容和质量密切联系：质价相符，则旅游者满意；质低价高，则旅游者不满意；质高价低，则旅游产品竞争力强。服务技术是搞好服务工作的基础，是满足旅游者需求，提高旅游企业形象、信誉和竞争力的关键所在。

（四）可进入性

可进入性是指旅游者进入目的地的难易程度。具体表现为进入游览点、服务设施和参与旅游活动所付出的时间和费用。旅游可进入性是连接旅游者需求与各种具体旅游产品的纽带，是旅游产品成功组合的前提条件。可进入性主要受到交通条件、通信条件、手续的繁简程度、旅游地的社会条件等因素的影响。

交通条件是旅游产品组合中必备的条件，一个没有良好交通条件的旅游目的地是不可能吸引大量旅游者的。交通条件包括对外交通工具的种类，如车辆、飞机、船舶等，也包括区内地方交通的种类、数量、能力、布局以及国际与国内交通的联结与方便程度等。各种现代化的交通工具，不仅可以大大缩短旅途距离，而且可以使旅客得到舒适、快捷、安全、方便的享受。

便捷的通信条件是旅游者能否顺利进出旅游地的重要条件。现代旅游者都是有计划有目的地前往旅游地。没有便捷的通信条件，难以使旅游者、旅游经营者和旅游目的地之间及时准确地沟通，会给旅游者的旅游活动的顺利实现带来很大的盲目性或不确定性。因此，旅游产品中通信设备的规模、能力及配套状况等，也会对旅游地的可进入性产生影响。

各类手续的繁简程度，主要指出入境签证手续的难易、出入境验点程序、服务效率、咨询信息等，不仅影响到旅游地的客流量大小，而且对旅游产品的成本质量、吸引力等都有相当的影响作用。

旅游地的社会条件对旅游者进入的难易程度也有很大影响。旅游地的社会条件包括政府政策、社会治安、社会公众对旅游的态度、管理水平等，这些条件都是影响旅游可进入性的重要因素。

第三节　旅游产品的开发

旅游产品开发是指根据市场需求，对旅游资源、旅游设施和旅游服务等进行规划、设计、开发和组合的活动，包括对旅游地的开发和旅游线路的开发两个方面。旅游产品的开发涉及一个地区的经济、文化、社会环境诸多领域，是一个系统工程。

一、旅游产品开发的原则

旅游产品开发必须以旅游市场的需求状况、宏观政策、目的地基础设施建设状况、目的地人力资源基本状况等因素的正确分析和评价作为基础，通过对旅游业的开发，取得较好的经济效益、社会效益和环境效益。为了实现这一目的，旅游产品的开发应遵循以下原则。

（一）独特性原则

旅游市场的竞争主要围绕客源而展开，要想在竞争中站稳脚跟，就必须开发出具有独特性的旅游产品投放到市场中，以提高和保持市场占有率。富有独特性的旅游产品可以较好地满足旅游者求新、求奇和求异的消费需要，容易对旅游者或潜在旅游者产生强烈的吸引力，增强旅游产品的竞争力，形成广阔的市场。

（二）效益性原则

旅游产品的开发需要大量的投资，追求最大的经济效益是旅游企业开发旅游产品的主要目标。但是，追求经济效益并不是旅游产品开发的唯一目标，因为旅游产品并非一般的单一物质产品，它还具有文化性，因此，在保证旅游企业能够获得较好的经济效益的同时，还要强调社会效益和环境效益，努力提高生态效益，提高旅游目的地的综合效益。

（三）市场导向原则

旅游产品开发要将旅游市场需求放在第一位，开发出适销对路的旅游产品，以便最大限度满足旅游者的需求。由于旅游者的旅游动机和需求会发生变化，因而在进行旅游产品开发之前，要做好周密而细致的旅游市场调研工作，了解现实的旅游市场需求及其分布状况，应用科学的方法和手段预测旅游市场需求的发展趋势，开发出符合旅游者需求的旅游产品。

（四）可持续发展原则

在旅游产品开发的过程中，要坚持可持续发展的原则，加强对旅游目的地的环境保护，放弃传统的以目的地环境质量下降和旅游资源遭损为代价来换取经济效益的发展模式。具体说来，旅游产品的开发要充分考虑旅游资源和目的地环境的承载能力，确定合理的资源和环境容量，把旅游产品的开发对目的地环境和旅游资源本身的消极影响降到最低，确保旅游资源能够被永续利用。

二、旅游产品的定位

旅游产品的定位是指对旅游产品的特色与市场定向进行定位。旅游产品定位一般需要考虑旅游产品的特征、旅游产品的档次、旅游产品的使用目的和范围、旅游产品的使用者等因素。旅游企业为了扩大旅游产品的市场占有率，吸引更多游客，就必须进行有效的旅游产品定位，这是旅游市场营销中极为关键的策略。旅游产品的定位方法大致有以下几种。

（一）领先定位法

这是最容易的一种定位方法，适宜于那些独一无二、不可替代的旅游产品。例如，埃及的金字塔与狮身人面像、中国的长城、法国的凯旋门等。它们在世界上绝无仅有，可长期保持不衰。但这类旅游产品为数不多。

（二）比附定位法

即避开第一位，抢占第二位。由于第一的位置仅一个，少数定位在第二的产品反而会在旅游者心目中留下较深印象。例如，牙买加将其主旅游产品形象定为"加勒比海的夏威夷"，从而使牙买加在加勒比地区众多海滨旅游地中脱额而出。

（三）逆向定位法

即以游客心中固定形象的对立面作为旅游产品营销中的市场卖点。例如，野生动物园与人们心目中传统的动物园形象相反，是开放式的，游客与动物的活动方式做了对换。

（四）空隙定位法

即独辟蹊径，创造与众不同的定位方法。例如，深圳的"中华民俗文化村""锦绣中华"，就以中国前所未有的形象出现在公众面前，很快打开了旅游市场。

（五）重新定位法

即依据旅游产品的生命周期，重新定位。当旅游产品进入衰退期时，为延长其生命，应根据游客新的需求来重新定位。

三、旅游产品的组合

（一）旅游产品组合的概念

旅游产品组合是指旅游企业通过对不同规格，不同档次和不同类型的旅游产品进行科学的整合，使旅游产品的结构更趋合理、更能适应市场的需求，以最小的投入，最大限度地占领市场，以求实现旅游企业最大的经济效益。旅游产品组合具有一定的宽度、深度和关联性。

1. 旅游产品组合的宽度

旅游产品组合的宽度是指旅游企业拥有不同产品线的数量，如果一家企业拥有饭店、旅行社、汽车公司、旅游景区等4条产品线，则其产品组合的宽度是4条产品线。拓展产品组合的宽度，即增加产品线、扩大业务范围、实行一体化或多元化经营，可以充分利用企业各项资源，发挥企业优势，开拓新的市场，提高经济效益。

2. 旅游产品组合的深度

旅游产品组合的深度是指每一旅游产品线上平均拥有的产品品种数或活动项目数。

延长产品线，即增加产品品种，使各产品线具有更多规格、花色丰富的产品，可以适应更加广泛的顾客需求，吸引顾客，扩大总的销售量，提高市场占有率。例如，旅行社经营的历史文化旅游中包括博物馆之旅、城堡和要塞之旅、工程遗址之旅、歌剧院之旅、剧场之旅等单项旅游产品。每种产品线无论其深度是多少，其核心价值都是为了满足顾客的同一类需求。产品线较深，能在旅游市场细分化的基础上扩大旅游市场，深层次上满足不同旅游消费者需求，提高市场占有率，有利于企业经济效益的提高，而较浅的产品线，便于企业集中力量专攻某些细分市场，创名牌产品，将产品做精做细，更好地满足特定类型市场的需求。

3. 旅游产品组合的关联度

旅游产品组合的关联度是指各条旅游产品线在最终用途、生产条件、分销渠道等方面相互关联的程度。一致性高则产品组合的关联度较大。例如，某旅游企业同时经营房地产和旅游饭店，则这两条产品线的关联度较大。提高产品组合的关联度，可以增强企业的市场地位，充分发挥企业的技术专长、生产和销售能力，创名牌产品。

（二）旅游产品组合的原则

旅游产品在组合时，应以最有效地利用旅游资源、最大限度地满足旅游市场需要和最有利于竞争为标准，具体讲，旅游产品组合要遵循以下原则。

1. 完整性原则

旅游产品在组合中，不论采用何种策略，组合出来的旅游产品都应该具有相对完整性，这样才有利于旅游产品的销售与购买，旅游产品的完整性要求：旅游活动的内容丰富，形成一次完整的旅游经历；在旅游过程中，有始有终；在旅游服务上，要做到全程热情周到。

2. 针对性原则

针对目标客源市场旅游者相同或比较接近的需求特征来组合旅游产品，突出同质性，求大同存小异。

3. 多样性原则

旅游者年龄、职业、旅游偏好、消费水平等方面的差异，导致组合产品的种类与数量也应该尽量丰富，尽量做到可以按旅游者的要求随时随地组合成多种类型的旅游产品。

4. 优惠性原则

旅游组合产品大多数属于批量购买，减少了游客旅游购买交换的次数，所以产品的价格相对较低廉，也正是因为这样才吸引了大量的旅游者。组合产品价格的优惠可以体现在总体组合产品优惠、旅游人数的优惠、支付方式上的优惠、特殊情况下的优惠等方面。

（三）旅游产品组合的形式

旅游活动是一项综合性的活动，它涵盖了食、住、行、游、购、娱六大旅游要素。一个旅游产品如果活动太少，就不能激发旅游者的游兴，会让旅游者感到没有意思；在时间上，旅游活动节奏如果安排不合理，会让旅游者的体验质量大大地降低。因此，旅游企业在推出旅游产品时，要充分考虑旅游者的需求，组合出多种内容丰富的旅游产品，使游客得到最大的享受。旅游产品的组合有以下几种类型。

1. 市场全面型

市场全面型是指旅游企业经营多种产品线，推向多个不同的市场。例如，某旅游企业经营观光旅游、度假旅游、会议旅游、生态旅游、商务旅游等多种产品，并以欧美市场、韩国市场、东南亚市场等多个旅游市场作为目标市场。这种旅游产品组合可以满足不同市场的不同需要，但是经营成本高，需要企业具备较强的实力。

2. 市场专业型

市场专业型的旅游产品组合是指向某一特定的市场提供其所需的产品。例如某旅游企业可以专为美国市场提供观光度假、商务、购物等多种旅游产品；或者以青年市场作为企业的目标市场，开发探险旅游、修学旅游、新婚旅游等适合青年口味的产品。这种策略便于企业集中力量对特定的目标市场进行调研，充分了解其各种需求，有针对性地开发多种产品满足其需求。但是，由于其市场单一，市场规模有限，企业的销售量也会受到限制。此外，单一市场需求的变化也容易使企业承担较大的风险。

3. 产品专业型

产品专业型是指旅游企业只经营某一类型的旅游产品，面向多个不同目标市场的同类需要。例如，某旅游企业生产度假旅游，面向欧美、日本、东南亚等市场。由于产品线单一，旅游企业便于管理，经营成本少，可以不断完善改进这一产品，树立良好的产品形象和企业形象。但是，产品类型单一，旅游企业经营风险随之加大。因此，旅游企业应加强产品的改良和升级换代。

4. 市场产品专业型

市场产品专业型是指旅游企业针对特定目标市场提供特定的旅游产品。例如，对欧美市场提供观光度假旅游产品，对日本市场提供商务旅游产品，对中国港澳台市场提供探亲访友旅游产品。这种产品组合能使企业有针对性地满足不同的目标市场，产品适销对路，有利于旅游企业占领市场、扩大销售、减少风险。但是，企业因此投资较多，成本较高。

第四章　旅游产业及优化

第一节　旅游业概述

一、旅游业的含义、属性和特点

（一）旅游业的含义

旅游业是指为满足旅游者旅游需求而生产销售旅游产品的相关企业的集合。由于旅游产品本身存在层次的区分，与此相对应，旅游业也分成不同的层次。处于旅游业核心层的是为旅游者提供游悦服务的相关企业，如旅行社、景区、专门或主要为游客服务的娱乐场所；处于旅游业延伸层的是专门或主要为游客提供延伸服务的相关企业，如旅游饭店、旅游餐馆、旅游巴士运营公司、游轮公司、旅游购物商店等；处于旅游业附加层的是专门或主要为游客提供附加服务的相关企业，如旅游咨询公司等。另外，国民经济中有许多分属于不同部门的企业，虽然不是专门或主要为游客提供服务的，但它们提供的服务构成完整旅游产品的一个重要组成部分，这些企业为旅游者提供的服务也可以归到旅游业的范畴中去，如民航运输企业、铁路运输企业、公路运输企业、金融机构、保险公司、电信公司、社会旅馆、社会餐馆、社会娱乐场所、社会零售企业等。

（二）旅游业的属性

1.旅游业属于国民经济的第三产业

第三产业是指除第一产业（农业）和第二产业（工业、建筑业）以外的其他所有产业，其基本特征是提供无形产品，即主要以提供服务的方式来满足生产与生活的各种需要，如商业、金融、保险、科技、个人服务、社会服务等。第三产业分为四个层次：第一个层次是流通部门，第二个层次是为生活和生产服务的部门，第三个层次是为提高科学技术水平和居民素质服务的部门，第四个层次是为社会需要服务的部门。

从上面旅游业的含义中我们可以看出，旅游业的经营活动是直接围绕着旅游者的食、住、行、游、购、娱等活动来展开的，是为旅游者提供生活服务而形成的产业群。因此，从旅游业的行业性质来看，旅游业明显属于第三产业的范围。

2. 旅游业是国民经济的一个特殊产业部门

旅游业是国民经济的一个重要产业部门。无论是总收入、就业，还是投资、纳税，旅游产业对世界各国经济的发展都起着举足轻重的作用。有关资料显示：

2008 年旅游产业收入占全球 GDP 总量的 9.3%；与旅游产业相关的就业人数约有 2 亿人，占全球就业总量的 8%，旅游产业还是世界各国税收的主要来源，2006 年全球旅游产业直接和间接产生的税收总额达 1.3 万亿美元，占全球总税收的 11%。

但旅游业又是国民经济的一个特殊产业，与传统的产业定义有明显的不同。根据传统产业划分的标准，作为一种产业应该是生产同类产品的企业集合、使用相同的技术或手段、其投入与产出具有独立统计的意义。用这些标准来衡量旅游业，显而易见，旅游业距离这些标准相去甚远。首先，旅游业虽然是生产销售旅游产品的相关企业的集合，但这些企业并非属同类企业。除旅行社以外，它们只是生产销售旅游产品的某一种要素，如饭店生产销售的是住宿和饮食服务，景区生产和销售的是景观、娱乐服务。其次，它们采用的技术和手段也不一样。最后，旅游业的投入和产出与国民经济其他产业的投入与产出胶合在一起，难以进行独立统计。实际上，绝大多数旅游企业都隶属于某一传统的标准产业。

因此，旅游业属于国民经济的第三产业，但不是国民经济的一个独立产业部门，除旅行社业以外，旅游产业部门内部的分支产业均与国民经济第三产业的许多分支产业重叠，是国民经济第三产业中许多分支产业为旅游者服务部分的综合。

3. 旅游业的产出统计：旅游卫星账户

旅游卫星账户（Tourism Satellite Account，TSA）是指在国民账户之外，按照国际统一的国民账户的概念和分类要求单独设立的一个附属账户，它通过将所有与旅游消费相关部门中由于旅游消费而引致的产出部分分离出来，单列入这一附属账户来进行各种预算。旅游卫星账户能够反映出旅游业能给哪些行业带来收益，还可以表明旅游商品的供求关系、旅游业方面的就业率以及旅游者所带来的间接税收，也就是说它能够如实地反映旅游业的需求、供给双方的关系以及生产和需求在整个经济系统中的作用。

旅游卫星账户是部分国家和国际组织为准确测度旅游业的经济影响而引入的一种新的统计方法。使用这一方法，一是避免了重复计算，旅游业不是国民经济的个独立产业部门，在国民经济核算体系中不可能与其他部门有同等的地位，否则会造成重复计算；二是增加了可信度，能够比较准确测度旅游业产出和旅游业对国民经济的贡献；三是使各国的旅游业产出和旅游业对国民经济的贡献有了统一的比较标准。

（三）旅游业的特点

从旅游业的含义和属性上来看，旅游业具有产业综合性、供给聚集性、效应外部性、分工专业性的特点。

1. 产业综合性

旅游业不是国民经济的一个独立产业，而是国民经济许多产业的一个综合。综合性是旅游业与其他产业的一个显著区别，有别于国民经济其他产业。旅游业是为旅游者提供旅游产品的，而旅游产品需要满足旅游者食、住、行、游、购、娱等多个方面的需求，因此旅游产品的生产和销售过程必然涉及国民经济的众多产业，它是在旅行社业的牵头下，在景观业、娱乐业、交通业、住宿和餐饮业等产业共同参与下完成的。旅游业的综合性决定了旅游产业有很强的产业带动效应。

2. 供给聚集性

旅游产业内部各分支虽然分属于国民经济的其他产业，有着各自的经营模式、生产方式和手段，提供不同的产品要素，但由于共同服务于旅游者的生活消费，因而必然在旅游目的地地理区域内形成集聚，具有高度的供给集聚特征。正是因为旅游产业供给聚集性的特点，才能把各种分支产业有效整合起来，形成强大合力，有效地提高旅游业的整体竞争力，带动整个区域旅游业的发展。

3. 效应外部性

经济学中的外部性是指经济主体对社会和他人施加的一种未在市场交易中反映出来的损益影响。外部性又分为正外部性和负外部性。正外部性是指经济主体的生产或消费使另一些经济主体受益而又无法向后者收费的现象。负外部性是指一些经济主体的生产或消费使其他一些经济主体受损而前者无法补偿后者的现象。正外部性和负外部性在旅游业中表现得特别明显。如某家旅行社开发了一条好的旅游线路，别的旅行社就会竞相模仿；某家旅游企业服务质量好，游客有好感，为此会引起新的旅游需求，但受益的不止这家企业。但是反过来如果某家旅游企业不诚实经营，恶意宰客，旅游者受欺骗的感觉会波及当地的整个旅游产业，其他旅游企业会因此而受到牵连，损害这些企业的生产和经营，但这些企业却没有办法获得补偿。

分工专业性。旅游业在生产联系上表现为各分支产业的分工与协作。它们处于整个旅游服务系统的不同环节，每个分支产业只从事旅游产品生产过程中某一个环节的专业化生产，特别是随着旅游市场的日趋完善和旅游需求的不断变化，旅游服务的专业化程度必然会继续提高。专业化分工是把"双刃剑"，一方面有利于提高旅游产业的整体劳动生产率；另一方面协作的某个环节出了问题，影响的是旅游产品的整体质量。

二、旅游业的产业关联和地位

（一）旅游业的产业关联

1. 产业关联

产业关联是指国民经济各部门在社会再生产过程中所形成的直接和间接的相互依存、相互制约的经济联系，或者说是产业、部门之间的投入产出关系。例如，汽车制造业发展需要机械加工行业提供零部件材料，而零部件的生产离不开炼钢业提供的钢材，炼钢业又需要采矿业提供金属矿。这里，机械加工业既为汽车制造业提供零部件产品（产出），同时又需要消耗炼钢业的钢材（投入），而炼钢业既为机械加工业提供钢材，又需要采矿业为其提供金属矿。产业关联可以分为前向关联和后向关联两种形态。

（1）前向关联

前向关联是指一个产业与直接或间接吸收其产出作为投入的产业之间的联系。如炼钢业的产出（钢材）被机械加工业直接吸收，作为机械加工业的投入（原材料），这时，炼钢业与机械制造业的关系就是前向关联关系，炼钢业直接的前向关联产业就是机械加工业。机械加工业又将它的产出（零部件）作为汽车制造业的投入（原材料），所以，炼钢业与汽车制造业的关系就是间接的前向关联关系，炼钢业间接的前向关联产业是汽车制造业。前向关联反映一个产业对其他产业的推动作用。从供给看，一种产业作为要素提供给其他产业，其他产业的生产过程中直接或间接地消耗这种产业提供的产品。一种产业的产品在各个产业投入中的份额直接反映了这种产业与其前向关联产业的关联作用。投入份额越大，说明这种产业对其他产业的推动作用和供给影响作用越大，产业之间的依存关系越密切。

（2）后向关联

后向关联是指一个产业与直接或间接提供产出作为该产业投入的其他产业的联系。如汽车制造业的投入（原材料）来自机械加工业的产出（零部件），这时汽车制造业与机械加工业的关系就是后向关联关系，汽车制造业直接的后向关联产业就是机械加工业。机械加工业的投入（原材料）又来自炼钢业的产出（钢材），所以，汽车制造业与炼钢业的关系就是间接的后向关联关系，汽车制造业间接的后向关联产业是炼钢业。后向关联反映一个产业对其他产业的拉动作用。从投入角度考虑，一种产业的生产过程需要其他产业部门的多种投入要素，这种产业的生产过程直接或间接地消耗着其他产业提供的产品。其他产业的产品在这种产业中消耗的份额反映了这种产业与其后向关联产业的关联作用。中间消耗量越大，说明这种产业对其他产业的拉动作用和需求影响作用越大，产业之间的依存关系越密切。

2. 旅游业的产业关联

旅游业的关联产业多，波及范围广。旅游业虽属于第三产业，但触角可延伸到国民经济的众多产业和部门。有关资料显示，在 122 个产业部门中有 80 个产业、部门与旅游业有直接后向关联，其中主要的直接后向关联部门有铁路旅客运输业、餐饮业、住宿业、航空旅客运输业、环境资源与公共设施管理业、保险业、信息传输服务业、建筑业、汽车零部件及配件制造业等；在 122 个产业部门中有 46 个部门与旅游业有直接前向关联，其中主要直接前向关联部门有公共管理和社会组织、教育事业、住宿业、房地产业、娱乐业、居民服务和其他服务业、计算机服务和软件业等。

旅游业的间接关联作用明显，波及程度深。与旅游业有直接关联的产业和部门，它们之间也存在着投入产出的相互联系，形成了旅游业与其他产业的间接关联。例如，旅行社组团去游乐园，要产生交通成本、食宿成本等，这是旅游业对其他产业的直接关联，而游乐园在运营中投入了电力、机械设备等要素，于是旅游业对电力供应、金属制品等就发生了间接关联。旅游业对其他产业的间接关联作用不容忽视，间接作用的存在加深了旅游业发展对其他产业的波及程度，延长了旅游业的产业链，构成了旅游业的产业网络。

旅游业的后向关联作用明显，对国民经济的拉动力强。旅游业的后向关联作用明显强于前向关联作用，这与旅游业第三产业的性质有关，即旅游业通过消耗其他产业的产品和服务产出旅游产品或服务，供应其他产业或作为居民消费品。

（二）旅游业的产业地位

1. 主导产业

主导产业是指在所有产业中处于主要支配地位，能推动产业结构升级演化的产业。它在整个国家和地区经济发展中起"领头羊"作用。主导产业在国家和地区经济发展中具有明显的经济优势和较强的产业优势。一般来讲，主导产业在国家和地区国内生产总值（GDP）中所占比例在 20% 以上。以这个标准来衡量，世界上绝大多数国家的旅游业不可能成为主导产业，即便是一些旅游发达国家也是如此，如美国、法国、西班牙等国家。但在一些旅游岛国和地区，旅游业不仅是这些国家和地区赖以生存和发展的基础，而且已经成为它们的主导产业，如斐济、马尔代夫、塞浦路斯等岛国。

2. 支柱产业

支柱产业是指那些在国民经济或地区经济中占有很大比重，构成国民收入主要来源，对国家或地区的经济增长起着举足轻重作用的产业。支柱产业往往也具有较强的产业优势，其经济产出要相当于 GDP 比重的 5% 以上。以这个标准来衡量，世界上大多数国家和地区的旅游业是可以成为支柱产业的。如印度的旅游业已经成为国家的支柱产业，日本制定了观光立国战略以推动旅游业作为支柱产业的发展。

我国旅游业的产业地位。我国旅游业发展虽起步较晚，但发展速度举世瞩目。改革开放前，旅游业以外事接待为主，只具备产业雏形，不完全属于产业范畴。

1978 年，中央转换思路，发展产业型旅游业。1984 年，中央提出国家、地方、部门、集体、个人一齐上，自力更生与利用外资一齐上的旅游建设方针，揭开了全方位发展旅游产业的序幕。1986 年，国务院决定将旅游业纳入国民经济与社会发展计划，正式确立其国民经济地位。1992 年，中央明确提出旅游业是第三产业中的重点产业，之后，中共中央提出《关于制定经济和社会发展"九五"计划和 2010 年远景目标纲要的建议》，旅游业被列为第三产业积极发展新兴产业序列的第一位。1998 年，中央经济工作会议提出旅游业作为国民经济新的增长点。旅游业在国民经济中的地位与作用已逐渐成为各级政府乃至社会大众关注的目标。截止到 2004 年，全国已有北京、浙江、海南、重庆、云南、西藏、新疆等 20 多个省（自治区、直辖市）将旅游产业列为国民经济的支柱产业进行培育与发展。2009 年，国务院出台《关于加快发展旅游业的意见》（国发（2009）41号），文中提出："把旅游业培育成国民经济的战略性支柱产业和人民群众更加满意的现代服务业。""力争到2020年我国旅游产业规模、质量、效益基本达到世界旅游强国水平。"可见，我国旅游业的产业地位正在不断提升。

第二节 旅游产业结构

一、旅游产业结构和结构优化的标志

（一）旅游产业结构的含义

旅游产业结构是指在社会供求关系及旅游经济运行中形成的旅游业内部各产业间的经济技术比例关系，是旅游产业的资源配置结构、生产能力结构和产出结构的总和。

（二）旅游产业的构成

旅游业是一个综合性产业，涉及为旅游者提供服务的国民经济第三产业的多个分支产业。从旅游过程"食、住、行、游、购、娱"六要素角度出发，旅游业主要分成旅行社业、旅游景观业、旅游娱乐业、旅游住宿与餐饮业、旅游交通业、旅游购物业。

1. 旅行社业

旅行社业是专门从事招徕、接待国内外旅游者，组织旅游活动，收取一定费用佣金的旅游企业的集合。旅行社作为旅游业的"龙头"，不仅是旅游产品的设计者、组合者，同时也是旅游产品的营销者，在旅游经济活动中发挥着极为重要的作用。因此，旅行社发展的规模、经营水平及其在旅游产业结构中的比重，直接对旅游经济发展产生重要影响。

2. 旅游景观业

旅游景观业是指为旅游者提供核心旅游产品的企事业单位。景区景点是旅游者游览、休闲、养生、体验的主要目的地。在我国，包括风景名胜区、自然保护区、主题公园、度假区、森林公园、海洋公园、民族风情园、动植物园、博物馆、美术馆、文物保护单位等。旅游景观业旅游资源价值大小、服务质量的高低直接影响游客的旅游感受。

3. 旅游娱乐业

旅游娱乐业是指为旅游者提供各种文化娱乐活动的企事业单位。旅游娱乐业包括三类：一类是各种游乐园、主题乐园、动物园等；一类是具有演出、竞技、展示功能的景区景点和各种民俗节庆活动的组织单位等；一类是各种社会文化和体育活动单位和组织，如剧院、电影院、音乐厅、歌舞厅、夜总会、赛马场、高尔夫球场等。旅游娱乐业的发展对于旅游产品的转型升级、提高旅游产品的高附加值、丰富旅游者的旅游活动、增加旅游收入、完善旅游产业结构具有十分重要的意义。因此，旅游娱乐业的发展水平标志着旅游目的地国家和地区旅游业的发展水平和成熟度。

4. 旅游住宿与餐饮业

旅游住宿与餐饮业是指为旅游者提供住宿和饮食等服务的相关企业和商户，包括旅游饭店、旅游定点餐馆、社会旅馆、社会餐馆等。旅游住宿与餐饮业是旅游产业的基本组成部分，是一个国家或地区发展旅游业必不可少的物质基础，具有综合价值高、就业吸纳能力强、产业关联度大的特点。旅游住宿与餐饮企业的数量、床位、餐位的多少，标志着旅游接待能力的大小；而旅游住宿与餐饮企业的管理水平的高低、服务质量的好坏、卫生状况及环境的优劣、饮食的特色，则反映了旅游业的服务质量。因此，旅游住宿与餐饮业在旅游产业结构中具有十分重要的地位。

5. 旅游交通业

旅游交通业是指为旅游者在旅行游览过程中提供所需交通运输服务的企业，包括专门从事旅游客运的巴士运营公司、游轮公司以及民航、铁路、水路等社会公共运输企业。旅游业离不开交通业，没有发达的交通业就没有发达的旅游业。旅游交通作为社会客运体系的重要组成部分，不仅满足旅游产业发展的要求，同时又促进社会交通运输的发展。特别是旅游交通运输要满足旅游者安全、方便、快捷、舒适、价廉等方面的需求，就要求旅游交通不仅具有一般交通运输的功能，还要具有满足旅游需求的功能，从而要求在交通工具、运输方式、服务特点等方面都形成旅游交通运输业的特色。

6. 旅游购物业

旅游购物业是指为旅游者在旅游过程中提供购物服务的相关企业和商户，包括旅游定点购物店、百货公司、超市等。旅游购物业是旅游经济重要的构成要素，它是旅游业重要的经济来源。长期以来，世界上旅游业发达的国家和地区都十分重视旅游购物业的发展，以期最大限度地扩大旅游收入。因此，旅游购物业具有非常好的市场前景，发展旅游购物业对旅游业具有重大意义。

（三）旅游产业结构优化的标志

1. 旅游产业结构优化的含义

旅游产业结构优化，即通过一定的产业政策和其他宏观调节措施，对旅游产业结构进行调整使之协调发展和逐步提升，实现旅游产业结构的合理化、高度化、均衡化。其基本目标是：使旅游资源得到较为合理的开发利用，旅游供给体系趋于完善，形成产业结构新格局，使旅游产业外部和内部各种重要的比例关系趋于协调，从而充分有效地发挥旅游业的产业功能和经济优势，全面提高旅游业的企业经济效益和社会经济效益。

2. 旅游产业结构优化的标志

优化旅游产业结构是旅游产业运行追求的主要目标，同时也是旅游产业经济运行的内在要求。建立合理的旅游产业结构，就是要在旅游产业内部各个产业之间及各个产业要素之间建立起最优的比例关系。根据我国现阶段旅游经济发展和产业运行现状，旅游产业结构优化的标志主要表现在以下三个方面。

（1）合理化

旅游产业结构的合理化是指旅游产业各种不同的结构要素由不合理向合理发展的过程，它要求在旅游经济发展的特定阶段里，根据旅游市场的需求变化和资源条件，对旅游产业初始发展阶段所形成的不合理的产业结构进行量与质的适度调整，使各种经济资源在旅游产业之间合理配置并有效利用。合理化的旅游产业结构的标准有三种：一是符合我国旅游产业发展的最终目标。随着经济的发展和居民消费水平的提高，我国的旅游消费体系从以国外旅游者为主体逐步转向以国内旅游者为主体，要求对旅游产业结构进行适度调整，以适应这种变化的需要。二是符合旅游产业发展的效益原则。旅游产业结构的合理化要求建立具有较高经济效益和社会效益的旅游产业结构，它是旅游产业结构合理化的一个重要标志。三是符合旅游产业良性循环的要求。旅游产业各组成要素协调运行，旅游经济运行顺畅，旅游经济持续稳定增长，是旅游产业良性循环的主要内容。

（2）高度化

旅游产业结构的高度化是指旅游产业结构向高一级层次的演化，使旅游发展水平得到提高。高度化表现在以下三个方面：一是旅游产业的集约化。通过旅游产业结构的调整，使整个旅游经济系统从量的扩张向质的提升演化，旅游产业有更高的科技含量、更高的生产效率、更完善的运行体系，使旅游产业的服务关联、技术关联和供求关联程度日益提高。二是旅游服务的高标准化。通过旅游产业结构的调整，使旅游服务更加规范化和精细化，服务质量既符合国际惯例又能体现中国文化特有的人性化魅力，为旅游者提供更加满意的现代旅游服务。三是旅游产品的高附加值化。通过旅游产业结构的调整，使旅游产品有更强的创新设计、更高的文化内涵、更高的附加值。

（3）均衡化

均衡是指某一种系统状态的动态平衡。旅游产业结构的均衡是旅游产业结构优化的主要标志和实现条件。旅游产业结构的均衡化主要有两个内容：一是旅游产业内部的各个产业之间及各个产业要素之间在其发展速度和发展进程上保持相对平衡的比例关系；二是旅游产业的各个产业之间及各个产业要素之间的发展相互促进。在市场经济条件下，旅游产业结构均衡化主要通过市场机制和政府的宏观调控来实现。

二、旅游产业结构优化的意义和途径

（一）旅游产业结构优化的意义

1.旅游产业结构优化是旅游经济发展的战略目标

旅游经济的发展主要包括总量增长、结构转换和水平提高三方面，其中结构转换不仅决定着总量增长的速度和规模，而且也影响着旅游经济效益的提高。在经济生活中，人们往往把总量的增长、速度的提高作为经济发展的目标，过分强调指标和增长速度，而忽略旅游产业结构的优化。事实上，经济总量的增减和发展速度的快慢不一定反映生产力水平的提高或降低，而产业结构的优劣则明显反映出生产水平的升降和经济效益的好坏。因此，"速度型"的旅游经济增长未必带来经济效益的提高，相反会引起投入量的增加和结构失衡，最终使整个旅游经济发展不协调；而"结构型"的旅游经济增长依赖于技术进步和结构优化，结构优化了，既有实在的速度又有良好的效益，从而能实现旅游经济长期稳定协调地发展。因此，结构优化不是一般的生产技术的改进，而应当是一种经济发展的战略目标。通过产业结构的优化来求速度、要效益，才能促成旅游经济稳定协调地发展。

2.旅游产业结构优化是旅游生产力体系形成的客观要求

旅游业是一个综合性行业，其内部各部门、各环节、各要素如果不能形成一定的数量比例和良性互动关系，就不能形成有效的旅游生产力体系。生产力是由相互联系、相互依存、相互制约的各种因素所构成的有机整体，各个因素必须质量相适应、数量成比例、运行有秩序，才能有效地实现生产能力。因此，旅游产业结构的优化是旅游生产力体系形成的客观要求。

3. 旅游产业结构优化是实现旅游经济良性循环发展的根本保证

旅游经济的良性循环，就是经济系统与社会系统、自然系统的正向互动、和谐共生，形成一种循环发展的旅游经济增长方式。"循环经济"一词，首先由美国经济学家 K. 波尔丁提出，主要指在人、自然资源和科学技术的大系统内，在资源投入、企业生产、产品消费及其废弃的全过程中，把传统的依赖资源消耗的线性增长经济，转变为依靠生态型资源循环发展的经济。循环经济倡导的是一种与自然、环境和谐的经济发展模式。它要求把经济活动组织成一个"资源—产品—再生资源"的反馈式流程，其特征是低开采、高利用、低排放。所有的物质和能源要能在这个不断进行的经济循环中得到合理和持久的利用，以把经济活动对自然环境的影响降低到尽可能小的程度。旅游业是发展循环经济的最佳载体，但是，如果没有旅游产业结构的优化，旅游循环经济是不可能实现的。没有旅游产业结构的合理化、高度化、均衡化，旅游经济就不可能做到持续、稳定、高效发展，反而会出现经济发展中的大起大落，造成资源的闲置、浪费或不足。因此可以说，旅游经济的持续、稳定、高效发展是循环经济得以实现的必要条件，旅游产业结构的优化是旅游经济良性循环发展的根本保证。

（二）我国旅游产业结构优化的途径

1. 以产品为突破，推进旅游产品的更新换代和旅游方式的转化

旅游产业结构的状况最终将通过旅游产品结构反映出来。因此，以产品为突破，推进旅游产品的更新换代和旅游方式的转化是旅游产业结构优化的重要途径。旅游产品的更新换代就是要使传统的观光型旅游产品逐步转变为休闲型、保健型、体验型旅游产品，要开发更多的专门旅游产品，要赋予产品更多的文化内涵。旅游方式的转化就是要改变过去旅行社大包大揽的旅游产品组合方式，鼓励自助游、农家乐等旅游方式；推进节能环保，倡导人与自然和谐的低碳旅游方式。

2. 以市场为导向，完善旅游产业内部的各分支产业

旅游产业内部的各分支产业都必须按照市场规律来进行，也只有遵循市场规律，各行业才能在市场中立足。因此，我们应该以市场为导向，通过解决旅游产业存在的问题来完善旅游产业内部的各分支产业，以达到优化我国旅游产业结构的目的。目前在旅游产业的六大分支产业中，我们还存在许多

薄弱环节。在旅游娱乐方面应该提高旅游产品的娱乐含量、发展高品位文化产品；在旅游购物方面，应提高地方性、纪念性、实用性、精美性旅游购物品的比重，同时推行购物的免税、退税政策；在旅游接待方面，应改变旅行社规模普遍偏小、职能混淆的现行格局；在旅游住宿和餐饮方面，应大力发展连锁型酒店、经济型酒店、特色地方小吃，改善就餐环境；在旅游交通方面，应完善交通格局、改善通达条件；在景区景点方面，应加强景区的规划和生态建设，强化环境保护，明晰管理权属。

3. 以质量为根本，提高旅游产业的科技含量和产品的高附加值

旅游产品质量是旅游消费者关注的重要问题，由于旅游消费者的不断成熟，他们对产品的质量有了更高的期待。这就要求旅游企业对产品的质量赋予新的含义，大幅度提高旅游产业的科技含量和产品的高附加值，才能从根本上改善旅游产业结构，促进旅游产业结构朝着高度化方向发展。

4. 以资产为纽带，推进旅游产业的股份制改造和集团化经营

在现阶段，旅游企业规模较小，资金不足，融资能力差等问题已经严重制约了我国旅游产业的发展。因此，加快我国旅游产业的股份制改造和集团化经营，通过兼并、收购、参股等手段对我国中小旅游企业实现资产存量和投资增量的联动，是优化我国旅游产业结构的重要途径。股份制改造和集团化经营，从更深的层次来讲就是要有效地解决我国旅游企业利益机制、约束机制、协调机制存在的诸多问题，使我国的旅游企业有自主经营、自负盈亏、自我约束、自我协调的功能，从而从源头上保证旅游产业结构的优化。

5. 以合作为动力，打破所有制、部门、地区的人为阻隔

旅游合作是实现资源共享、优势互补、共同发展的主要途径，有利于促进旅游生产要素在不同产业、不同区域之间的合理有序流动和充分有效利用，从而促进旅游产业结构的优化。为使旅游合作顺利开展，必须打破所有制形式、部门利益、行政区划的人为阻隔和束缚，为旅游合作创建良好的平台。

第三节　旅游产业的布局

一、旅游产业布局的形式和原则

（一）旅游产业布局的含义

旅游产业布局是指旅游产业在国家或地区范围内的空间分布和组合，即

形成旅游产业的各分支产业、各要素、各环节为选择最佳区位而形成的在空间地域上的流动、转移、配置与再配置过程。

（二）旅游产业布局的基本形式

1. 旅游点（点块形布局）

旅游点是满足旅游者审美、愉悦、自我实现需求的最终目的地，是构成旅游区、旅游带的基本单元，也称为旅游景点。其规模可以是一庭、一园、一宫，也可以是一湖、一山、一城，比如长城、故宫、西湖等。旅游点是旅游者进行观光、休闲、保健、体验旅游活动的直接场所，故其数量、质量、规模、分布、性质是影响客源的主要因素，合理布局是建设和发展旅游点的关键之一。旅游点的合理布局有利于旅游者顺畅满足地完成整个旅游过程，同时也能使投资效益达到最大化。

2. 旅游区（块状形布局）

旅游区指以旅游中心城市或以风景名胜区、自然保护区为依托，将资源特色有别于其他地方的众多旅游点连接成块状形的旅游产业空间聚集区域。我国有众多的优秀旅游城市，如北京、上海、西安、杭州、桂林等；也有众多的国家级风景名胜区和可供游览的自然保护区，如长江三峡风景名胜区、四川黄龙风景名胜区、安徽黄山风景名胜区、四川九寨沟自然保护区、黑龙江五大连池自然保护区、湖南张家界大皖自然保护区、云南西双版纳自然保护区等。在这些城市、风景名胜区和自然保护区及周边地区的区域内，旅游景点相对丰富、旅游设施相对齐全、旅游企业相对集中，是一个国家或地区旅游者的主要接待地和旅游收入的主要来源地。旅游产业在旅游区内的聚集，一方面有利于旅游资源和生产要素的综合利用，延长和拓宽旅游产业链，使旅游向深度和广度发展；另一方面有利于吸引旅游者，降低旅游者的旅行成本，使旅游消费效用达到最大化。

3. 旅游带（带状形布局）

旅游带是指以两个或两个以上的旅游中心城市为依托，将若干个旅游区、旅游点连接成带状形的旅游产业空间区域组合。旅游中心城市往往也是旅游的集散地和旅游产业的聚集地。它们地理位置相邻、交通便利、优势互补、资源组合，能有效地带动沿线地区的旅游产业发展。旅游带的核心在于便利快捷的交通，沿线各大旅游景点、景区如散落的珍珠被交通线串起来，形成一条黄金旅游带。如重庆—宜昌长江三峡旅游带、乌鲁木齐—西安丝绸之路旅游带、环北部湾旅游带等，以及众多分布在省际范围内的旅游带，如青岛—

烟台沿海旅游带、桂林—北海旅游带、合肥—黄山旅游带等。

4. 旅游圈（环状形布局）

旅游圈是指以多个旅游中心城市为依托，将若干个旅游带、旅游区、旅游点连接成环状形的旅游产业空间区域组合。旅游圈是在一个更大空间范围内的旅游产业布局，是区域旅游合作和联动的产物，如"9+2"泛珠三角旅游圈、环渤海旅游圈、京津冀都市旅游圈、大香格里拉旅游圈、环上海旅游圈。旅游圈也可以延伸到我国周边国家，形成国际范围内的区域旅游合作，如环黄海旅游圈、环北部湾旅游圈。旅游圈的形成有利于更好地规划旅游发展格局，区域旅游合作有利于提高旅游产业的综合竞争力，为旅游产业结构的优化奠定基础。

（三）旅游产业布局的原则

1. 因地制宜原则

由于不同地域的旅游资源、自然、交通条件不同，经济发展水平也不一致，因此不同地域在进行旅游产业布局时，需要强调因地制宜的原则。要根据本地区的特色资源、交通便利、区位条件、经济实力来综合考虑旅游产业的布局。充分发挥地区优势和布局的规模效应，强调地区之间的合理分工，扬长避短，避免盲目性。

2. 优势互补原则

地区之间的旅游生产力虽有发达和落后之分，但各有各的优势，有的有区位优势，有的有资金优势，有的有资源优势。旅游产业在布局时应注意贯彻优势互补原则，通过优势互补促进旅游综合效益的提高。为贯彻优势互补原则，需要建立区域旅游合作的新格局，建立和完善富有成效的产业协调机制与平台。

3. 保证重点原则

从有利于旅游生产力整体布局出发，对重点地区、重点城市、重点景区、重点线路、重点产品予以优先发展，人、财、物重点保证。根据区域发展理论，地区之间的经济发展是不均衡的，旅游产业的布局同样也是不均衡的。在旅游产业的布局上不能简单地搞平衡。旅游产业的聚集性决定了旅游产业布局要相对集中，发达地区、旅游城市、著名景区通常是旅游产业的密集区。

4. 可持续发展原则

通过旅游产业布局规划，构建符合国家产业政策、符合当地旅游长期规划、符合环保要求、便于旅游基础设施配套的建设新模式，确保旅游业健康、稳定、长期地发展。

二、四分法与区域旅游发展战略

（一）四分法原理

四分法是指根据经济发达程度与旅游发达程度的两维标准，将旅游区域划分为极区、优区、特区、平区四种类型。经济发展水平较高且旅游发展水平较高的属于极区；经济发展水平较高且旅游发展水平一般的属于优区；经济发展水平较低且旅游发展水平较高的属于特区；经济发展水平较低且旅游发展缓慢的属于平区。四分法的目的是为各地区旅游发展战略选择提供一种理论参考。

（二）不同区域旅游发展战略

根据不同区域的实际情况，其旅游发展战略各有侧重。

1. 极区旅游发展战略

属于极区的各旅游区域除了要继续保持经济和旅游方面的优势外，还要利用优势来提升旅游发展水平，制定适合本地区的旅游经济发展提升战略，做大做强旅游业。特别是在旅游产品开发上，向商务旅游、会展旅游等高附加值、高收益方向发展，如上海就充分利用 2010 年上海世博会提升旅游形象，完善旅游产品体系，这为上海旅游产业的发展提供机遇和上升空间。此外，还应满足提高国民素质和生活质量的更高要求，如广东、江苏等省提出实施国民旅游休闲计划和旅游倍增计划等。

2. 优区旅游发展战略

属于优区的旅游区域经济水平较高，虽然旅游资源丰富，但旅游产业发展却不及极区的发展水平。因此，属于优区的旅游区域要下大力做好资源的转化和产品的开发促销工作，在发挥其既有优势吸引游客的基础上发展新形态旅游项目，拓展旅游市场，增强旅游吸引力。如河北、吉林等省级区域应根据景观多样性的特点，除了继续发展常规的观光旅游外，还可以发展露营、自行车、登山、徒步、钓鱼等现代户外游憩旅游项目，这些项目对国际旅游者和商务白领为主体的高端旅游者具有较强的吸引力。此外，优区发展要注意在与当地经济发展水平相适应的情况下，坚持适度超前发展的原则，如根据客源量的增长趋势，超前建设配套设施、开发新的旅游产品、制订旅游产品的营销计划等。

3. 特区旅游发展战略

属于特区的旅游区域虽然整体经济水平较低，但旅游业发展已经达到较高水平。对于这些地区来说，要实施品牌战略。具体来说就是要提高游客的可进入性，进一步提升旅游设施与服务水平，强化旅游信息、旅游交通标志、旅游车辆进入等方面的服务能力，便利自驾车者和普通散客。加强各地机场开辟国际航线的能力，扩大入境旅游。此外，还要加强以旅游集散中心、旅游咨询服务中心和旅游信息服务为主体的旅游公共服务设施建设，加强点对点旅游直通车和旅游线路对接等合作，在更大范围内整合区域旅游资源，形成区域旅游线路，推动旅游市场互动。要通过整合，形成聚集效应、品牌效应。因此，加强市场营销、加强旅游业的产品品牌和企业品牌建设、提升旅游设施与服务水平是特区发展战略的关键所在。

4. 平区旅游发展战略

我国大多数中西部地区的省级区域属于平区，受到经济水平和地区位置等因素的影响，经济发展与旅游发展均比较缓慢。因此，平区的发展战略的核心在于抓住特色的旅游资源，实行重点开发。要突出特色优势，坚持旅游与文化、生态相结合，坚持发展旅游与富民增收、扩大开放相结合，着力打造民族特色旅游品牌，完善旅游管理和服务。因此，平区的发展要坚持实施旅游经济发展的特色战略。

第四节　区域旅游合作

一、区域旅游合作及其动力机制

（一）区域旅游合作的含义和形式

1. 区域旅游合作的含义

区域旅游合作是指区域之间围绕着旅游者的空间流动，合作各方基于生产要素的优化配置和旅游经济、社会、环境效益的提高而形成的协作和联合。

2003 年 7 月在杭州举行的旅游高峰论坛上，上海、南京、杭州等 16 个城市签署了《长江三角洲旅游城市合作宣言》，决定把长江三角洲地区建成中国首个跨省区无障碍旅游区，由此翻开了中国区域旅游合作发展的新的一页。

2. 区域旅游合作的形式

（1）合作地城划分

按合作地域划分，区域旅游合作的形式包括国际区域旅游合作和国内区域旅游合作。国内区域旅游合作又包括省际旅游合作、市际旅游合作、省内旅游合作等。

（2）合作内容划分

按合作内容划分，区域旅游合作的形式包括产品的合作（如旅游产品的开发、旅游线路的整合等）、客源市场的合作（如客源互换、市场开拓等）、资金的合作、人才技术合作、区域旅游功能分工和形象塑造合作等。

（3）目的地与客源地关系划分

按目的地与客源地关系划分，区域旅游合作的形式包括目的地与客源地合作、互为客源地或目的地合作、目的地与目的地之间的合作等。

（二）区域旅游合作的动力机制

1. 互补：优势互补，合作共赢

旅游存在差异，差异需要互补，不同的区域，旅游差异性表现各异。如旅游接待能力很强的地区，旅游资源可能又相对匮乏，或种类单一；相反，旅游资源丰富的地区，接待能力往往又比较薄弱。资金雄厚、技术力量先进的地区，劳动力成本又往往比较高；相反，劳动力相对便宜的地区，往往又缺乏资金和技术。旅游产品具有同质性的地区，又往往各有各的客源渠道。如果单靠某一地区的努力来弥补这些差异，其效果是极其有限的，甚至会导致恶性竞争。另外，技术、资金的积累需要一个过程，等待将会错失发展机遇。因此，区域间实现差异互补，有利于形成求同存异、共赢互利的良性局面。

2. 共赢：互补形成优势，合作带来共赢

通过互补性产生的整体优势，合作方都可能通过合作行为而将潜在利益转化为现实利益，从而获得追加的利益。区域旅游合作的优势表现在以下几个方面：区域旅游资源整合优势。由于旅游资源禀赋的差异性，区域之间可以通过合作突破本区域旅游资源禀赋的限制，充分利用外区域的资源，能够在更大范围内实现资源的整合、一体化开发，打造更高级别的旅游精品项目、跨区域旅游产品和线路开发优势。不少旅游产品所依托的旅游资源的分布具有跨区域性特征，特别是跨行政区域，也就是说许多地理位置邻近的区域会共同拥有某些独立旅游资源实体的一部分。这样相邻的区域因为共同拥有某种旅游资源而成为联合的对象，需要合作开发产品，共同管理资源，分享开发收益。此外，跨区域旅游线路开发也是合理配置旅游资源、最大限度以点带面、有效发挥景区辐射力能、促进旅游经济发展的重要手段之一。跨区域旅游线路必须统一规划、分项实施。考虑到毗邻区域的景点布局，在寻求大区域精品旅游线路之前，以省市为小区域，形成"一小时"或"二小时"旅游经济圈，并以本区域的起点和终点与其他区域的起点和终点进行衔接，实现真正意义上的以点带面。

3.生产要素的配置优势

旅游区域联合可以减少地区间的壁垒，特别是行政壁垒，为区域之间在更大范围内开展分工协作和生产要素配置创造条件，从而更有利于各区域旅游经济效益的提高。与此同时，旅游企业的跨区域协作有助于企业实现规模化效应；促进企业间分工与合作，提高企业竞争力；引进先进管理机制和经验，提高企业综合素质。

4.区域旅游形象的整体塑造优势

通过合作，第一，有利于在合作区域内达成统一的理念和行为，如统一的促销主题、统一的服务标准、统一的道路景区标志、统一的价格标准；第二，可以较好地克服负外部性问题，有效地防止资源破坏和环境污染；第三，有利于促进城市改造和改善旅游基础条件。

二、区域旅游合作存在的困难和解决困难的关键

（一）区域旅游合作存在的困难

1.现行体制环境中合作屏障

（1）地方保护主义严重

面对共同的旅游市场，一些地方政府出于本位主义考虑，或只顾眼前利益，将本可以共同开发的旅游市场人为割裂。为不让自身旅游经济税收流往别处，控制旅游资源成为地方政府的常用手段，因此，旅游企业无法共享一些地区的旅游资源。一些地方政府担心合作会失去自己的竞争优势，对区域旅游合作持观望态度。

（2）存在条块割据的管理体制

旅游产业涉及食、住、行、游、购、娱等全方位的合作。然而，旅游合作涉及行政管理部门多、利益面广，很难完全达成一致。因而，条块割据的管理体制的存在，使行政部门很难真正实现合力，不利于旅游合作的发展。

2. 区域旅游合作机制不健全

非制度化的合作协调机制功能脆弱。区域旅游合作是双方或多方不断交流、深化、磨合的过程。在这个过程中，彼此之间或多或少会出现利益上的摩擦和分歧，这就需要一个长期的、稳定的合作协调机制来维护各自的利益，从而促使合作维持下去。然而，我国旅游合作机制未形成制度，导致合作协调机制并不能完全发挥作用，协调功能非常脆弱。

合作技术和手段缺乏。区域旅游合作涉及多个利益主体，要使合作成为各方的共识和主动的行为，不仅需要政府强有力的推动，而且需要创新合作的技术和手段。而目前区域旅游合作的技术和手段还比较匮乏，导致合作流于形式。

利益补偿机制不完善。区域旅游的合作是对旅游资源的重新整合，这就涉及了利益需要重新分配的问题。由于利益补偿机制的不完善，导致利益分配不均，弱势群体的利益在旅游合作中得不到应有的增进，如社区的利益、村民的利益反而受到了削弱。这些问题阻碍了区域旅游合作的开展。

（二）解决区域旅游合作困难的关键

1. 市场推动

在市场经济条件下，一方面，大量旅游企业为适应竞争和追求效益，会不断优化配置自身的资源要素，在细化分工的基础上向专门化、专业化的方向演进。另一方面，一些已具规模的旅游企业也会逐步在一定领域内形成系列化、集团化的扩张。这两种情况都要求旅游企业突破行政区划的界限，加强相互间的合作，从而在更大的空间范围内形成有机的旅游产业链。因此，在推动区域旅游合作问题上要充分发挥市场的基础性作用。

2. 政府主导

首先，政府是区域旅游合作最重要的主体。无论是旅游资源开发、旅游基础设施建设、旅游市场促销方面的合作，还是旅游信息服务、旅游人才培育方面的合作，都离不开政府的主导作用。政府是地方整体利益的代表，政府层面的合作是实现区域共同利益最大化的基础和保障。其次，政府又是区域经济中最有效的调控主体，政府的决策和调控不仅对本地旅游经济的发展具有重大影响，而且也直接关系到跨行政区划、跨行政层级的利益协调。最后，政府还是规范旅游市场和竞争秩序的主体，区域性制度障碍的清除、区域性旅游竞争行为的监管、区域性旅游发展环境的改善等，均有赖于各地政府的合作与联动。

第五章 国际经济法的理论基础

法的价值研究其实质是对法存在的社会历史必然性及合理性的探寻，国际经济法不是无根之水，有着深刻的根源和基础。国际经济法要想在一国法律体系中获得一定的地位，并发挥应有的作用，必须首先获得对其价值独立的认可。法的价值存在于一定法律的产生和发展过程中，有着深刻的社会生活和学理基础。国际经济法价值的学理基础，应当从国际经济法生成的基本理论中去研究。同时，由于国际经济法价值的经济性——以经济活动为调整对象、尊重市场规律和保障市场秩序，又使它与经济学有着千丝万缕的联系。研究国际经济法价值的理论基础，不能回避经济学的理论基础。因此，国际经济法价值的学理基础研究，应当以国际经济法的发生和存在为依据，在市场经济的运行中认识市场对国际经济法的基本需求。

第一节 国际经济法的经济学理论基础

经济学揭示人与物的关系，研究人和社会如何进行选择，来使用可以有其他用途的稀缺的资源以便生产各种商品，并在现在或将来把商品分配给社会的各个成员或集团以供消费之用。它的逻辑是"稀缺——经济抉择——市场协调——均衡和满足"，并在此基础上对经济发展中的诸多因素加以研究、设计，试图构建出一个完全有效的市场竞争模式，实现利益最大化。而国际经济法用以满足主体需求的价值首先就是弥补市场失灵和政府失灵，恢复市场效率与公平竞争。有效率的公平的市场和竞争恰恰是经济学所推崇的经济组织和运行最佳模式，是经济学研究和应用的目标。在这个层次上，国际经济法的价值和经济学的目标获得了一致。

另一方面，不同的经济学派从不同的角度出发，提出了对市场秩序不同的构建观。经济秩序属于秩序的范畴，不是人与物质的对应关系，也不是经济基础的主要内容，而是根据一定的经济基础建立起来的，符合该经济基础中生产力发展水平、生产资料占有者利益和生产关系优化的一系列要求的一种相对连续与稳定的状态。它使经济关系在现实社会生活中得以有效运行，是国家权力干预市场的基础与目标。不同的市场经济秩序，需要以不同的方式来干预；而权力干预经济的目的，又往往是建立或改变一定市场经济秩序（尤其是对发展中国家而言）。

一、古典自由主义经济学提供的学理基础

（一）古典自由主义经济学概述

古典自由主义经济学产生于 17 世纪下半叶，是自由资本主义时期的主流经济学说。古典自由主义经济学以英国的亚当·斯密为代表，奉行自由放任的经济学说，以个体权利为本位，主张市场主体绝对自由。古典自由主义经济学体系，是从打破重商主义的限制和束缚为任务开始的。重商主义主张通过有利的贸易差额，使国家致富。因此在政策上限制输入、奖励输出。在《国民财富的性质和原因研究》（后文简称《国富论》）中，亚当·斯密对其进行了批评，指出国民财富不只是货币，社会财富来自劳动，社会财富的增长，更重要的是取决于更大的劳动生产率。对"劳动"的认识和分析，是古典自由主义经济学最重要的成就之一。

古典自由主义经济学阐述了市场机制的运作原理，认为通过市场机制的自主作用可以实现市场所要求的秩序，强调市场与商人的自由交易，要求减少政府的干预。这是因为：一方面，"每个人处在他当地的地位，显然能判断得比政治家或立法家好得多，每个人是自己利益的最佳判断者，政府的干预并不能优化个人的利益与市场的秩序，反而可能破坏它们；另一方面，由于市场的天生性质，主要是有效需求的调控，自由贸易无须政府的注意。有效需求调控是指："按照原定支付为生产这种商品和使它们上市所需支付的全部地租、劳动和利润的那些人的需求，自行调节。至于社会需求和分配，亚当·斯密认为，"个人的利害关系和情欲，自然会使他们把资本投在通常最有利于社会的用途"，"用不着法律干涉，个人的利害关系和情欲，自然会引导人们把社会的资本，尽可能按照最适合于社会利害关系的比例，分配到国内一切不同用途"。这时，市场对法律的需求集中表现在基础规则供给、保护自由竞争和意思自治上，民法作为一般私法足以担当此任。

（二）古典自由主义经济学的市场秩序构建观

以自由主义经济学为理论基础的自发演进市场秩序观，把市场秩序等同于完全竞争市场所演化出来的理想的资源配置状态，在本质上是没有垄断、

没有外部性、信息充分的。

在这样的市场中，首先，要求个人是自由的，能够独立地不受非法干扰地对自己的经济事务做出决策。因为"每一个人处在他当地的地位，显然能判断得比政治家或立法家好得多"。其次，对政府的要求，即尽可能减少政府干预，放任市场自行调节。亚当·斯密说："我们完全有把握地相信，自由贸易无需政府注意，也总是会给我提供我们所需的葡萄酒"，因为，"在各个国家，人类勤劳所能够购入或生产的每一种商品量，自然会按照有效需求，即按照愿意支付为生产这种商品和使它上市所需支付的全部地租、劳动与利润的那些人的需求，自行调节"。再次，自由贸易对法律的要求同样是减少法律强制性规定，法律的主要任务是预设交易规则和完成初始的资产配置。之后，"用不着法律干涉，个人的利害关系与情欲，自然会引导人们把社会的资本，尽可能按照最适合于全社会利害关系的比例，分配到国内一切不同用途"。亚当·斯密的这些观点，一再地表明市场秩序不是人类理性构建或刻意设计的结果，而是一个自发演进的过程。

在新古典经济学的研究中，亚当·斯密的自由演进观点得到了发展。新古典经济学与古典政治经济学有着一脉相承的市场秩序观，即自由竞争与政府放任。在现实社会中，这种自发演进的市场秩序构建观集中体现在"华盛顿共识"之中。"华盛顿共识"的概念来源于1989年经济学家约翰·威廉姆斯的著作《华盛顿共识》。该书系统地提出指导拉美经济改革的各项主张，包括实行紧缩政策防止通货膨胀、削减公共福利开支、金融和贸易自由化、统一汇率、取消对外贸自由流动的各种障碍以及国有企业私有化、取消政府对企业的管制等等。约翰·威廉姆斯的观点得到世界银行的支持。后来，世界银行、国际货币基金组织和美国财政部针对20世纪70年代末至80年代初爆发的债务危机而向拉美等国进行结构性改革所提出的建议，被统称为"华盛顿共识"。其中包括以私有化、自由化和宏观稳定（主要是价格稳定）为主要内容的发展战略，以及基于对自由市场的坚定信念并且旨在削弱甚至最小化政府角色的一系列政策，按照"华盛顿共识"的理解，市场秩序就是"自由化＋私有化＋宏观稳定"，是国家"无为而治"的产物。

应该说，古典自发演进的市场秩序观与资本主义初期的政治、经济和社会生活的发展相适应，有利于建立一个完整的自由竞争市场体系。但是，它从产生即存在的缺陷，难以应对理想市场之外的现实市场环境的复杂多变，以及各种非市场因素的错综纠缠。

首先，古典自发演进的市场秩序构建观的基本方法是演绎。演绎的前提是存在一个完全有效竞争的市场，在这个市场机制的作用下，可以自发、演进形成一种市场秩序。但是，市场经济和自由竞争的市场的建立并不意味着有序的市场秩序同时产生，完全有效竞争的市场在现实生活中不具有绝对性，即这个前提本身的不可能实现。因此，在此前提下做出的演绎是一种理想化的结论。它可以作为人们在现实生活中追求的目标和一种研究的框架，但与现实脱节的本质差异，使它不可能在实际生活中得到完全的复制。

其次，古典自发演进市场秩序构建观中，将政府放置于"守夜人"的地位，忽视了政治力量对经济的作用，没能准确认识国家权力与市场之间的关系。国家权力也可以利用自身垄断的强制力来干预市场活动，造成正反两方面的影响。

再次，古典自发演进的市场秩序构建观的法律观念过于狭隘，没有准确把握政府与法律、市场的关系，以及一国法律体系内各部门法律相互作用、渗透，密切联系的关系。市场经济秩序内容庞大并且错综复杂，私法在它形成和发展的过程中不足以构成秩序的规则基础，还需要大量的相关法律共同发挥作用。

（三）古典自由主义经济学的启示

古典自由主义经济学和古典自发演进市场秩序构建观推崇自由经济和政府放任，以市场个体效率最大化为追求。他们的主要观点与资本主义初期的政治、经济和社会生活的发展相适应，有利于建立一个较为完善的自由竞争市场体系。但是，古典自由主义经济学是从一个理想的环境中研究市场和经济活动，缺乏对现实的关注，这使它从产生即存在缺陷，难以应对理想市场之外的现实市场环境的复杂多变，以及各种非市场因素的错综纠缠，在它的指导下进行的自由竞争最终走向了市场自由的反面——垄断。古典自由主义经济学和古典自发演进市场秩序构建观在上世纪初资本主义世界严重的经济危机中，无法解决现实市场中的经济问题，逐渐被凯恩斯主张的干预主义所取代。

从以上古典自由主义经济学的主要观点来看，古典自由主义经济学为国际经济法价值提供的学理基础突出表现在三个方面：

第一，"经济人"理念。古典自由主义经济学提出了"经济人"的概念，在后来的整个西方经济学中，含义特定的"经济人"成为经济学的基本单位。"天下熙熙，皆为利来；天下攘攘，皆为利往。"在市场经济中，个人是自己利益的最佳判断者，为自己的利益在市场中活动。因此，"经济人"的概念中内涵了三个重要理念，即个人本位主义、自利原则和理性原则。

"经济人"的个人本位主义促使国际经济法思考自身的本位性，从干预经济的原因和目的考虑不同利益主体在国际经济法中的地位。与个人利益同时存在于市场中的，还有社会整体利益和国家利益，与"经济人"相对的，还有"经济社会"和"经济国家"。如何处理三者间的关系，是经济学留给法学的一个问题。"经济人"的个人本位主义要求国际经济法价值的确立必须关注市场中的个体利益，实现社会效率不得已侵害个体效率为手段，注意对不同主体的利益协调和共同实现。

"经济人"的自利原则表达了市场经济对利益的追求，市场成为"经济人"逐利的场所，不能带来利益的市场秩序模式是无法满足人们的利益需求的。国际经济法是干预市场的法律，它进入市场的原因和目的是因为市场效率的丧失和恢复市场效率。因此，国际经济法用以满足主体需求的重要内容就是它能增进效率价值，效率是国际经济法的重要价值。当然，相对于"经济人"追逐的个体效率而言，国际经济法价值中的效率价值更加关注社会效率。

"经济人"理性原则是"经济人"理念的核心内容，"经济人"通过一定的理性思考做出经济决策，希望以最小的成本谋求利益最大化。"经济人"的理性原则带来了经济行为的理性，当不同利益出现冲突时，"经济人"可以在这些冲突间达成妥协，实现一种经济平衡。法律也是理性的，法的理性使它能够和理性的"经济人"达成一种契约，允许在市场失灵时国家通过法律干预市场、弥补市场缺陷，这个契约就是国际经济法。"经济人"理性和法律的理性使国际经济法的价值具有明显的现实性，表现在国际经济法价值的内容与社会、经济的发展阶段和水平相一致，而在国际经济法价值实现过程中可能对实际现象妥协。"经济人"、市场经济、国际经济法之间如何达到平衡，获得共赢，是国际经济法在不同价值间必须做出的选择和协调。

第二，完全竞争理论。完全竞争理论是自由主义经济学提供给国际经济法价值的又一理论基础。竞争是市场的活力所在，也是经济学研究的重点问题之一。对此，自由主义经济学家提出了"完全竞争"的概念，并为达至此状态设置了条件，包括：市场主体众多，个人无法影响市场的价格；所有的商品和服务都可以进行市场交易，并且具有可替代性；竞争自由，不受非法干预；不存在规模经济；资源完全自由流动，不存在技术分割、进入和退出壁垒；信息的完全和对称，市场主体可以自主决策。这些条件也对法律的安排提出了要求，如怎样制定市场准入法以保证竞争者的数置足够多，通过竞争法确保竞争有序等。

完全竞争理论为市场竞争提供了一种有效率和自由的理想模式，为国际经济法设立了追求目标。在这个意义上，国际经济法的价值追求与完全竞争理论价值追求一致，国际经济法就是为了满足人们对完全竞争状态的渴望而进入市场进行干预的。因此，完全竞争理论要求国际经济法价值的确认和实现必须充分考虑完全竞争的条件，引导干预经济行为以满足这些条件为方向，保障竞争自由和市场效率。

第三，经济自由理念。经济自由是经济学的基本理念，没有经济自由，也就谈不上市场经济，更谈不上政治自由了。因此，无论是主张自由放任的学者，还是主张国家干预的学者，都没有否定过经济自由本身，只是对自由的范围划分有所分歧。自由主义经济学者认为，以每个人的私利为基础组织起来的市场社会是人类的自然状态，只要没有外部障碍，这种社会必定会通过看不见的手走向繁荣；全部的历史不过是市场关系的逐步解放，这种普遍性、理性化的社会形式唯一需要的就是消除对它的束缚。而凯恩斯在谈论经济周期时说，"安排现行的投资的责任决不能被致于私人的手中"，政府比之个人更能根据一般社会效益来进行长期资本边际效率的计算，而个人对投资所做出的预期往往被错误的事实误导。但是，凯恩斯的研究仍是在市场经济的框架中，他的任务是拉回市场这匹脱缰野马到正常的轨道，并没有要颠覆市场经济的组织模式。他的干预政策，旨在恢复自由，而不是消灭自由；是市场经济中的计划，而不是计划经济下的市场；干预的结果是实现有效需求，达到充分就业，畅通投资与消费渠道。可见，经济自由是贯穿经济学始终的原则之一，任何经济学派都以经济自由为核心理念，围绕如何实现和保障经济自由来展开研究。

二、凯恩斯主义经济学提供的学理基础

（一）凯恩斯主义经济学概述

自由主义经济学为自由资本主义提供了有力的学术支持，适应了当时市场经济的发展需求。但是，在20世纪二三十年代，爆发了资本主义世界最大的经济危机。究竟是用紧缩性预算政策和高利率来维持汇率，还是顺应自由主义理论干脆让货币一贬到底，再重新组织新的货币金融体系？这是自由主义经济学和自发演进的市场秩序观必须考虑的问题，也是它们面临的最大考验。众所周知，面对经济危机，政府以及经济学家们放弃了自由放任的自发演进模式，而采取了加强政府干预的方式，在政治上表现为"罗斯福新政"，在学术上表现为"凯恩斯主义"。

凯恩斯主义经济学，又称"国家干预主义经济学"，以英国的梅纳德·凯恩斯为代表。凯恩斯通过分析经济周期的现象，在李嘉图、马克思等人思想的启发下，提出了解除市场经济危机的方式——凯恩斯主义——干预主义。

凯恩斯主义对古典政治经济学进行了批判，他指出："古典学派的假设条件只适用于特殊的情况，而不适用于一般通常的情况。古典学派所假设的情况是各种可能的均衡状态中的一个极端之点"，"如果我们企图把古典理论应用于来自经验中的事实的话，它的教言会把人们引入歧途，而且会导致出灾难性的后果"。凯恩斯关于就业和利息等的理论，往往是通过阐述某一概念是由哪些变量组成的，然后在找出这些变量之后，用政府干预来控制这些变量，以实现充分就业、稳定利息、提高国民收入的目标，即"在我们置身于其中的经济制度中，选择出那些政府经济当局能按照意图加以控制或管理的变量"。与自由放任的资本主义相比，凯恩斯的主张可以被称为"受到管理的资本主义"。

凯恩斯批判了西方传统的就业理论——萨伊定律："供给创造自己的需求。"他希望以提高国民收入的方法，达到充分就业状态。因此，凯恩斯首先研究了国民收入的组成，并找出其中的变量，意欲对这些变量加以国家政策干预，以实现充分就业。凯恩斯希望看到的是："处于根据一般的社会效益来计算出长期资本边际效率的地位的国家机关承担起更大的责任来直接进行投资。

凯恩斯对政策寄予了很大的期望。他认为："货币是刺激经济制度活跃起来的酒，在酒杯和嘴唇之间还有几个易于滑脱的环节。这几个环节便在于货币数量、利息率和群众的流动性偏好间的关系。而这几个环节，便是政府进入市场的路径，即增加资本数量、建立直税制度、调整利息率，实施有关增加消费倾向的政策和促进投资的政策。可见，凯恩斯不但论证了国家干预的必要性——消费倾向、资本边际效率、流动偏好等因素导致的有效需求不足，更明确了国家干预的领域——增加投资与促进消费。

凯恩斯的理论并不能从根本上解决经济危机，他只是在流通领域进行了分析，而忽略了生产领域，无法提供一个资本畅通的真正渠道。但他提出的国家干预经济之说却在自由放任的经济思想之间，具有重大意义。

凯恩斯的"干预"相较古典经济学而言是积极的，但对于国家权力与市场的关系而言，仍可以认为是"消极"的，是在保证市场自由的前提下为恢复市场自身秩序而进行的干预。凯恩斯改变的是国家干预的主要手段——以货币政策为主转变为以财政政策为主，没有改变的是市场韵本质属性和社会生产关系的组织方式。他的干预政策的直接目的是缓解垄断资本主义的周期性经济危机，而不是变更市场与资本主义社会的根基。他的干预理论，"不排除一切形式的折中方案，而通过这种方案，国家当局可以和私人的主动性结合起来"。他从批判古典经济学的非一般性开始，最后又回归到正确的宏观经济政策运用后的古典经济学的继续作用。这种干预，绝非国家权力盲目地、无限制地破坏经济自由的干预，而是应市场之需有限度地恢复自由与秩序的干预，对市场而言仍是消极的。

（二）凯恩斯主义经济学的市场观

干预主义的市场秩序构建观是理性市场秩序构建观，它认为市场秩序不是自发演进的，而是由理性人进行设计的产物。人类凭借自身的理性，可以设计并构建一个具有高效的资源配置和非理性缺陷得以弥补的市场秩序。理性市场秩序构建观意图打破人们对自发演进出完善市场的迷信，为政府进入市场在理论上和舆论上做好了准备。

理性市场秩序构建观意图从打破人们对自发演进的完善市场迷信入手，提示自发演进的观点的虚无性，以及自由放任的危险性，既而强调国家权力的强制作用和政府的权威，渴望政府在一国市场秩序的形成与运行中，发挥强大的作用，在经济危机中力挽狂澜。因此，与古典自发演进的市场秩序构建观相比，理性市场秩序构建观首先承认了市场的缺陷，打破了市场自给自足的神话。其次理性市场秩序构建观要求一个强有力的政府，不仅仅是"守成"，更重要的是创业。这里的政府，既要求承担市场建立初期确立市场制度和基础规则的任务，又要在市场运行中对交易的各个环节加以控制，避免非理性因素对市场效率的破坏。再次，作为一种由法律和国家控制的结果的理性的市场秩序，对法律也有着较多的要求。它的设计、安排和确认都通过法律表现出来。除了作为市场经济的基本私法的民法，更多的应当是行政法的颁布与实施。理性构建主义的政府没有区分行政管理与经济管理职能，以及权力与权利在市场中的冲突和协调，而是以权力主要是立法权和行政权冲开了一条国家为先、构建市场秩序的道路。因此，保护私有财产和私权的民法在其中被迫放弃了大片领域，真正的规范行使经济权力的国家干预经济的法律，也往往是只具其名，而实质上被行政法所替代。

理性市场秩序构建观强调了市场主体在市场活动中的能动性，却忽略了主体的有限理性和被动性。分析理性市场秩序构建观，可以发现它主要存在以下几个方面的缺陷：

（1）理性市场秩序构建观认识到了设计在市场秩序中的作用，同时也夸大了这种所谓的理性作用。从长期来看，制度的变迁只能是自发演进的过程，不能是人为设计的结果。

（2）理性市场秩序构建观在夸大理性构建的同时，忽视了市场秩序的自身特点和市场经济发展的客观规律。市场秩序的本质就是要给予每个个体一个尽可能宽松而相对独立的空间，以使每个个体发挥各自的比较优势，充分利用个体掌握的知识和私人信息，发挥个体的能动性。这也是市场经济产生效率的关键，高度的中央集权与计划显然不能满足上述要求。

（3）理性市场秩序构建观中由于存在前面的缺陷，对市场经济中法律的作用及部门法的选择难免褊狭。行政强制必然受到市场的强烈抵制，权力和权利的冲突可能会造成市场与政府的两败俱伤。

理性市场秩序构建观在二战后的和平时期逐渐被新的立宪自发演进市场秩序构建观取代。然而，两次石油危机和东南亚的金融危机，使崇尚自由经济的人们又一次回到了对政府作用的关注，新的干预主义思想层出不穷，对旧的理论作了许多改良与发展，其中比较突出的主要有以下几个方面：

首先，政府干预得到认可，干预的目的、手段有所变化。1997 年 7 月在东南亚爆发的金融危机，对东南亚（泰国、印尼、马来西亚）以及东亚（日本、韩国、中国香港和台湾地区）造成了极大的损失，据世界银行首席经济学家施蒂格利茨分析约损失一万亿美元。同时，他又指出，金融危机的主要原因是区内金融制度软弱，以及各国政府在未制定好适当规范制度之前，追求金融市场自由化，并建议各国政府要学会在未来能更好地控制短期资金流入。1999 年 2 月 25 日《解放日报》刊登了《纽约时报》对金融危机原因的分析，指出新兴市场国家从中应得到四个启示：一是要对外资的进入进行宏观控制；二是引进外资时应该寻求建立保护本国金融市场的合理措施；三是引进外资时，长期资本应该多于短期资本；四是要建立本国银行系统监管制度和加强银行立法。在金融风暴席卷东亚和东南亚之时，中国却依然保持了平稳发展的势头，这与中国市场和政府间的关系有很大关联，与东南亚国家金融市场自由化恰恰成为对比。积极的财政政策、稳健的货币政策和结构合理的进出口政策等，使中国成功抵御了金融危机，并帮助了邻国脱困，被国际货币基金组织称为进行了"技艺高超的宏观经济管理"。

其次，肯定制度安排的可设计性，同时认识到市场的自发演进性。由美国科学院院士、经济学家利奥·赫维兹于 20 世纪 70 年代创立的经济机制设计理论认为，社会经济的各种目标总是借助一定的经济机制或者说制度安排来完成的。根据这种观念，一项制度安排所发出的激励信息若符合行为人自利激励下所传递的选择信息则行为人自愿选择之，或曰制度安排能自动实现。这是一种纳什均衡，即行为人把别人的策略视为给定，选择对自己最有利的策略所达到的均衡。其中给定策略，可认为是一种预先的设计。

再次，对政府和市场、权力与权利、干预与自由的重新认识，认为判断政府优劣的标准不在于规模的大小和职能的多少，而在于它在社会整体结构中的地位和作用。

（三）凯恩斯主义经济学的启示

凯恩斯主义经济学向国际经济法价值供给的学理基础主要表现在以下两个方面：

第一，市场缺陷理论和国家干预的理论。自由主义经济学是在一个完美的市场模式中进行研究的，但是，市场缺陷天生存在，市场失灵不可避免。"经济人"逐利的本能使完全竞争规则难以付诸现实，市场的功利性亦导致了市场的某些空白领域。市场缺陷的主要表现有：市场不完全，竞争不能全面开展在市场的所有领域；信息不对称，主体间意思表达可能存在重大误解或欺诈；负外部性，如工业生产造成的环境污染；排斥公共产品的生产，公共产品供求不平衡。市场缺陷使市场脱离了正常轨道，畸形发展，造成对公共利益、权利主体的侵害。市场失灵必须加以矫正，矫正的方式包括市场机制的自身作用和国家的干预，前者是市场的内部调节，后者属于市场外部调节。凯恩斯主义经济学承认市场存在缺陷，并力求寻找出弥补缺陷、解决市场失灵的方法。这个方法，就是国家干预市场。国家干预的研究和实施不是经济学所能单独胜任的，因此，在经济学家致力于运用经济手段解决市场失灵的同时，法学家们也不断探索运用外部力量干预市场的可能性。

市场缺陷理论是国际经济法产生的直接理论基础，国际经济法在当时最重要的价值就是弥补市场缺陷，纠正市场失灵。市场这只"看不见的手"无法解决市场失灵问题，国家这只"看得见的手"开始进入市场进行干预了。因此，凯恩斯主义经济学的国家干预主义直接推进了国际经济法的产生，为国际经济法价值提供了学理基础。根据市场缺陷和国家干预的理论，国际经济法价值的重要内容应当包含干预经济的功用，这也正是国际经济法功用价值的一个方面。凯恩斯主义经济学的国家干预主义理论没有仅限于对市场缺陷弥补的功能论述，而是进一步论证了国家干预经济的具体路径，这也是其为国际经济法价值提供的又一关键的学理参考。

第二，国家干预经济的具体内容。凯恩斯主义经济学的国家干预主义理论不但对国家干预的必要性进行了论证，而且对国家干预经济的具体内容包括政府的经济作用、干预的领域、方式等方面深入论证，为国际经济法的内在干预经济价值的实现提供了理论参考。理查德·马斯格雷夫的《公共财政理论》中，把政府的经济作用分为三种：稳定经济——建设一种实现充分就业条件下的经济；调解分配——按平等和效率原则建立起人们基本能接受的个人收人分配结构；资源再配置——减少从宏观角度来理解的资源浪费，提高全社会的资源使用效率，对宏观层面，政府则主要运用一些间接手段来引导和影响生产和消费，如运用货币政策等。另外，对微观经济层面，公共产品的提供应当由政府承担直接的责任。至于国家干预的具体领域，凯恩斯主义经济学者通过研究经济活动中的变量，寻找干预的切入点。比如，国民收入由消费和投资组成，其中的变量包括消费倾向、投资中的边际效率（预期收益、市场价格）和利息率（货币数量、流动性偏好）。市场的有效需求是由社会原定消费的数量与社会原定投资数量之和，也可以表示为预期消费和预期投资之和。但是，当就业量增加时，总消费量的增加程度不如实际收人的增加，二者的差额可能使企业家蒙受损失，对消费偏好的政策影响就十分必要了。另外，为了维持既定的就业量，就必须有足够数量的现期投资来补偿总产董多出在该就业量时社会所愿消费的数量部分。对于投资中的变量干预就应由政府来完成。而政府干预的方式主要是财政政策的制定和变化。

凯恩斯主义经济学的国家干预主义理论对国家干预经济的具体内容的论述，是国际经济法功用价值实现的重要参考。国际经济法干预经济功用价值的实现，离不开对市场各个环节的详细考察，找出市场缺陷所在和弥补的方式。市场中的经济变量应当是国家干预经济可以作用并能有所作为的环节，国际经济法价值实现也应当从对这些环节的有效干预开始。

三、新自由主义经济学提供的学理基础

（一）新自由主义经济学概述

第二次世界大战之后，随着和平环境的稳定存在，经济发展也有了新的变化。20 世纪 70 年代，凯恩斯主义陷入低潮，以哈耶克为代表的自由主义经济学说再度登上西方经济学的主流阵地。

哈耶克最主要的观点是认为社会包括经济发展是一个自生自发的秩序，而非人类的理性构建。人类的这种在判断自己的理性控制能力上的"幻觉"，被哈耶克认为是一种致命的自负。在自发秩序的基础上，他又提出了扩展秩序的概念。扩展秩序产生于竞争的过程，"是由一种完全不同的过程形成的，它是从一种由演化而来的交往方式中产生的，通过这种方式而得以传递的，不是有关具体事实的无数报告，而仅仅是各种具体条件的某些抽象性质，例如有竞争力的价格，为了达成全面的秩序，必须使这种信息进入相互交流"。在自发秩序与扩展秩序中，三个概念构成了哈耶克的论证框架：自由、一般规则和竞争，自由和竞争只有在一般规则存在的前提下才可能存在。哈耶克反对政府对经济的计划和掌握。他指出，离开经济自由，"就绝不会存在以往的那种个人的和政治的自由"气哈耶克对经济的研究，始终与他的社会哲学、法律哲学相联系，因此他提出了较多的关于国家与市场的关系以及法律设计

问题。他指出，在经济方面"各国政府无疑都掌握着为善为恶的巨大权力"，法治的基本点是"留给执掌强制权力的执行机构的行动自由，应当减少到最低限度"。同时，扩展秩序"是建立在由政府加以保障的安全上，强制权力仅限于贯彻决定物品各有所属的抽象规则"气可见，哈耶克的自由经济主义是在市场一般规则既定、国家经济权力法定下的法治的自由经济，一方面不排除国家的干预，另一方面国家干预被严格限定在"抽象规则"领域。在市场失灵，政府没有干预经济的必要。

（二）新自由主义经济学的市场秩序构建观

立宪自发演进市场秩序构建观的核心观点是：市场秩序是在立宪基础上的自发演进的产物。哈耶克将社会秩序分为不是生成的就是建构的：前者是指"自生自发的秩序"，而后者是指"组织"或"人造的秩序"。市场在本质上应属于自生自发的秩序，与"组织"或"人造的秩序"在所展示的有序性的产生方式、所依赖的协调手段以及目的上都有所区别。对于这种自生自发的秩序，社会理论的任务乃在于揭示那些只要得到遵循便会导向自发秩序的规则以及其赖以为基础的常规性。同时，为了确保自发社会秩序有助益，前提就是必须存在一系列调整自发社会秩序参与者行为的规则。可见，哈耶克自生自发的市场秩序构建观一方面反对市场秩序的整体构建，认为社会结构以社会秩序无法利用理性进行整体性构建，而必须通过人类不断的社会试错和演进经验积累以及渐进的改革措施来达到。另一方面，也批判了古典自发演进市场秩序构建观，认为自发并不必定排斥局部的理性构建，立宪自发演进市场秩序构建观是在批判理性构建观和批评、改良古典自发演进市场秩序构建观的基础上产生的，力图弥补这两种市场秩序构建观，形成一个尽可能完善的具有普遍性的市场秩序构建观，也为西方传统资本主义国家战后经济复兴做出了巨大的贡献。英国前首相撒切尔夫人也自称是哈耶克的信徒，她在英国执政的四十年中的经济政策中亦有所体现。但是，当欧美国家向亚非国家倾销意识形态的同时，他们发现以自发演进为基础的立宪演进构建观在亚非严重受挫。包括前面提到的古典自发演进构建观的"华盛顿共识"在内的一系列以市场自由为主题的经济模式，不但没有使亚非国家迅速摆脱贫困，反而导致了许多国家在政治和经济上的双重迷失。分析立宪自发演进市场秩序构建观和现代市场经济的发展，以及不同地区、国家的经济水平，可以看到该市场秩序构建观主要存在以下几个方面的问题：

（1）哈耶克等人对社会秩序的论述基本上是以欧美市场模式为范本，在本质上是一种"发达国家自发演进观"，并不当然适应发展中国家的国情。

（2）在现代国际环境中，运用已经积累的大量市场秩序的知识，用理性建构市场秩序在一定程度上是可实现的。发展中国家的市场化道路却有发达国家市场经济的成功与失败作为借鉴，并且可以根据本国国情移植大量的制度资源，理性建构在其中大有作为。

（3）立宪自发演进观是对古典自发演进观的继承和改良，过于拘泥于自由主义和保守主义，对现实中的各种冲突以及市场外因素对市场的影响认识不足。发展中国家的市场化道路存在的三个障碍：本国传统与市场经济的冲突、国内经济与国际经济一体化的冲突、经济独立与政治独立的冲突，是立宪自发演进市场秩序构建观所无力解决的。

（三）新自由主义经济学的启示

新自由主义经济学对经济法价值的学理意义集中体现在政府失灵理论和规范政府干预行为理论上。

首先，新自由主义经济学认识到政府失灵的危险，要求限制政府权力。市场经济的健康发展离不开政府的有效干预，但政府不是万能的，国家权力的扩张和滥用极容易导致政府失灵，主要表现为权力寻租、政府限制竞争等。新自由主义经济学认识到政府失灵的危险，要求尽可能避免理性构建主义政府干预过度的危险，将政府的权力限定在一定的范围。立宪演进观强调秩序的自生自发性，认为凭借个人理性考虑到型构社会制度所必需的境况的所有细节是一种"致命的自负"。即便是政府，也不可能掌握一国发展中的所有因素，而对每一个细节做出准确的预见。如果把所有的决策权都有交由权力机构去掌控，则会使"社会所具有的那种结构乃是政府强加给它的，而且个人也成了可以随时互换的零件：他们之间不存在任何明确的或特久的关系，所存在的只是那种无所不包或无所不管的组织为他们所规定的关系"。这样的社会组织模式无论对市场来说，还是对个人自由来说都是有极其危险的。因此，新自由主义经济学者十分强调对国家权力的限制，以及政府干预市场的界线。

与此同时，哈耶克还从经济学的知识中寻找对权力限制的理由，将限制权力的必要性建立在有充分经济基础的知识传播的原理上。他指出，即使行使权力的人动机十分高尚，由于他无法掌握许多个人根据变动不息的信息分别做出的决定，因此他不能为目标的重要性等级制定出一个公认的统一的尺度，所以应受到严格限制。

其次，新自由主义经济学也开列出了政府应当的工作和遵循的规则，政府的目的"不在于提供任何特定的服务项目或公民消费的产品，而在于确使那个调整产品生产和服务提供的机制得以正常运转"，即政府不干预或少干预微观市场领域，政府干预市场的着眼点应是宏观调控领域以及市场无法提供调节的地方，因此，政府的主要任务是："第一，创建一种人和群体能够在其间成功地追求他们各自目的的框架；第二，有时候则是可以用它所拥有的强制性权力去提供市场因各种缘故而无法提供的那些服务。"对于政府活动，应当关注其"质"而不是"量"。"一个功效显著的市场经济，乃是以国家采取某些行动为前提的……市场经济还能容受更多的政府行动，只要它们是那类符合有效市场的行动。只要是对增进市场经济的作用有助益，即便是"计划"也不是不能容忍的："我们的一切批评所针对的计划只是指种反对竞争的计划——用以代替竞争的计划。"

再次，新自由主义经济学强调通过立宪约束政府，强调宪法结构对立法活动的规则，以及法律与市场间的相互作用。市场秩序受到内部规则和外部规则的调整，内部规则是社会在长期的文化过程中自发形成的规则，是市场秩序的核心，而外部规则是那种只适用特定之一或服务于统治者的规则。内部规则不是某个人可以左右的，通过立法来完成的主要是外部规则的确立。法治的基本点是"留给执掌强制权力的执行机构的行动自由，应当减少到最低限度"，即控权。法律的原意在于保护个人自由，宪政的根本就在于用恒定的政制原则限制一切权力而法律的目的应当是"平等地改进所有人的机遇"。竞争是市场的活力与魅力所在，因为竞争制度是"旨在用分散权力的办法来把人用来支配的权力减少到最低限度的唯一制度"。在这种市场秩序中，法律的许多功能是围绕竞争展开的：搭建竞争平台——建构市场；预设竞争规则——交易规则的立法；保护竞争的结果——优胜劣汰的公平性，等等。

新自由主义经济学的政府失灵理论和规范政府干预行为的论述，体现了一种立宪演进市场秩序观，对经济法的规范政府干预价值有着重要的意义。政府失灵是规范政府干预的直接原因，经济法的功用价值包括了对于政府干预行为的规范。另一方面，新自由主义经济学较为详细地阐述了政府与市场的关系，提出了政府的经济作用和依法干预经济的观点，支持了经济法对干预行为的规范，并为经济法规范干预的功用价值的实现提出了可供参考的方式。而限制政府权力、规范政府干预的最终目的仍是保障效率和公平价值的实现。

与此同时，新自由主义经济学在对待市场与政府的关系上，摆脱了传统经济学说将两者对立的立场，强调政府与市场和谐共存。这与现代经济法以社会本位为基础的价值观在社会和谐理念上不谋而合，表现出市场主体在经历了经济自由放任、政府强制干预后，对法律需求的反思。经济法价值追求从弥补市场缺陷开始，到矫正市场和政府的双重失灵，最终走向实现社会整体效率、维护社会正义和市场自由的目标。

第二节　国际经济法的法学理论基础

自古以来，对经济活动加以法律的调整是任何社会或国家不可或缺的一种控制及运行机制。但是，对经济的法律调整并不能等同于国际经济法的调整。现代意义上的国际经济法是在市场经济发展到一定阶段诞生的，有着相对独立的法律价值。新法律的产生是一个过程，与此伴随的法学理论也处于一个不断修正的过程。国际经济法与以往调整市场经济的法律不同，是市场外因素通过法律途径对市场的强制介入，市场机制的自发作用受到限制。另一方面，市场外机制的作用力不是无限的，受到市场基本规律和法律的约束。研究国际经济法的价值，应当对国际经济法的产生追本溯源，把握国际经济法的主要矛盾和不同利益关系，寻求和确立能够获得主体认同和满足的法的价值。

一、契约理论对国际经济法价值的学理意义

（一）契约理论的一般概念

梅因认为："我们今日的社会和以前历代的社会之间所存在的不同之点，乃在于契约在社会中所占范围的大小。"他指出："迄今为止进步的社会运动，乃是一个从身份到契约的运动。"契约在现代社会中的作用越来越明显＞法律作为社会关系的调节手段之一，与契约紧密地联系在一起——承认契约、保护契约、救济契约。由法律所调整的人与人之间的关系，也经历着"由身份到契约"的进步。"旧的法律是在人出生时就不可改变地确定了一个人的社会地位，现代法律则允许他用协议的方法来为其自己创设社会地位。契约有着不同的性质和类型，大至社会组织关系，小到个人间的交往，在被称为"合同的世纪"的19世纪，都被加以契约之名。当然，并非所有的关系皆为契约，但契约在市场中的作用的确非比寻常。市场行为，从某个方面可以被认为是在一定规则下当事人双方的权利交换，交换的依据乃双方达成的契约。

传统市场中的基本契约形式是基于民法形成的个别性契约，由法律资格平等的独立民事主体通过自由协商达成。法律保护意思自治和契约自由，只要一项合同是自由签订的，国家、法律、第三人均无权干预。然而，绝对的契约自由只能是一个抽象概念，市场经济活动的分工协作和社会关系的错综复杂，使契约不可能在私法预设的单纯空间完成。经济垄断的形成给契约自

由带来了巨大冲击。

根据传统民法的观点，法律地位平等的缔约人达成的意思表示一致即成立有效合同。但是，在垄断经济中，当事人法律地位的平等不代表实际经济实力的相当，经济上的强弱关系可能造成合同的实质不平等。民法从保障合同自治和经济自由出发，对这种实质上的不平等是可以容忍的。但经济结果不平等造成的社会危机和国民经济失调是国家和社会不能容忍的，社会要求一种不同于市民法的法律对契约自由加以限制。这种限制应当体现在两个方面，即对主体实际不平等的协调，如通过立法对弱势群体倾斜保护；对合同履行结果不平等的矫正，如通过税收法律进行国民收入再分配等。

在历史的发展演变中，还有一种契约是人们常常谈论的，这就是著名的"社会契约"。第一个对社会契约进行全面阐述的人是霍布斯，他在《利维坦》中指出："如果要建立这样一种能抵御外来侵略和制止相互侵害的共同权力，以便保障大家能通过自己的辛劳和土地的丰产为生并生活得很满意，那就只有一条道路：把大家所有的权力和力量托付给某一个人或一个能通过多数的意见把大家的意志化为一个意志的多人组成的集体。这个集体就是国家，国家成立的目的是保障生活在其中的人民的和平与安全。洛克发展了社会契约的理论，并将人们可以让渡的权利进行了限制，财产、自由、生命权利是不可让渡的，国家要对这些权利进行保护。以《社会契约论》闻名的卢梭指出了社会契约所要解决的根本问题是"要寻找出一种结合的形式，使它能以全部共同的力量来维护和保障每个结合者的人身和财富。并且由于这一结合而使每一个以全体联合的个人又只不过是在服从自己本人，并且仍然像以往一样地自由。

（二）关于国际经济法的契约

根据社会契约的理论，法律可以被看作是国家和人民就政治、经济等事务达成的契约。社会契约论关注政治国家和市民社会之间的关系，是关于国家政治的理论，被认为是公法变迁的基础，与市场经济中的契约概念本无交集。但是，当市场经济进入垄断阶段，市场机制无力缓解市场失灵，国家作为市场外因素进入到市场中。此时的市场显然不再是私法的天地，但是公法对经济自由的可能危害又使市场对国家权力存有戒心，国家、社会和个体的利益关系如何安排和协调，成为市场经济正常发展的关键因素，公法性质的契约和私法性质的契约开始了视线交融，社会契约与民法契约进行了整合，市场领域中的社会契约出现了。这个契约中关于国家干预经济的那一部分，即在法律上表现为国际经济法。

市场领域的社会契约，与政治国家的社会契约不同，毋宁说是经济契约社会化。在失去了自律性的自由放任市场经济全面危机情势下，国家不得不担负起领导社会的责任，获得了"共同的即社会的机能"。政治国家与经济国家完成了形式上的分离，对市场经济的管理与控制也分而治之。参与市场契约的国家，是经济国家而非政治国家，根据契约行使的国家职能是国家经济管理职能而非行政管理职能。市场契约的另一方主体是市场活动的参加者，他们在契约中既坚守个人私域的空间，又必须让渡部分权利。权利让渡的根本原因和目的仍是经济的，是只有交由国家才可能获得的市场利益和经济自由。

在市场经济发展初期，市场一度被认为是一个自足的体系，不需也不允许任何外力的进入。但是，随着市场各个层面的深入展开，人们发现"市场通常就是问题本身，而不是问题的解决办法"。市场的问题由谁来解决，经济学家们把目光投向了市场之外的拥有强权的国家。然而不久，他们发现政府也失灵了。在干预市场活动时，政府应当以中立的地位出现，代表中立的社会利益。但是，在经济生活中，政府与市场中的交易人一样是有着自身利益追求的"经济人"，并不能总是以公正的形象完成干预任务。加上政府的信息不完全和能力限制，难以避免地出现干预不当、干预成本过高、非有效干预等。另外，由于权力的天然性质，也容易引起权力滥用，导致权力经济，破坏市场自由。历史经验证明，单一的由市场或者政府对经济活动加以调节，都必然走向对市场经济一般规律的背离，给国家和社会造成巨大损害。政府与市场双方只有在一定程度上合作互动才能解决问题。这个合作互动的基础便是国际经济法——关于市场的契约。市场是法治的市场，国家是法治的国家，市场离不开法律为其确认的规则与初始的分配，法治的基本要求便是"控权"——权自法出、依法行权的权力制约内容。因此，国际经济法作为一个关于市场的契约，可以提供市场要求的自由与平等，也可以实现对权力干预的控制，正是二者结合的最佳选择。

（三）契约理论对国际经济法价值研究的意义

国际经济法作为一个关于市场的契约的理论，对国际经济法价值的学理意义在于它直接说明了国际经济法生成和存在的价值——满足主体对法律干预的需求，为市场干预需求提供有效供给。

第一，市场契约以干预需求和干预供给为形成条件，能够提供干预供给是国际经济法价值的重要表现。市场契约不是市场经济一经建立就存在的，而是市场发展到一定时期的产物，以市场的"干预需求"为产生的前提。所谓"干预需求"，是指因市场自身无力解决的社会化大生产。社会化大生产是有组织的规模化生产，由于专业分工细化，产品生产之间的协作势在必行，市场主体之间的关系日益密切，整个市场通过产品的市场化和市场自动调节形成一个不可分割的整体，国民经济成为一个完整的体系。在商品经济条件下，社会化大生产基本规律的实现，应当依靠价值规律的自发调节来实现。但是，生产社会化使社会经济发生了根本性变革，从而单个资本转变为集中的社会共同资本，实现了资本社会化；单个人的劳动转变为社会的共同劳动，实现了劳动社会化。生产社会化将市场的范围与经济活动内容极大的扩展，国民经济体系化将市场纳入社会经济的统一管理。经济活动冲破了私人间的界限，也改变了传统的国家与市场分离的情况。精细分工的产品相互结合进入市场，需要一个协调者。这个协调者原本应由市场担任，但市场的自身缺陷使它无力调节如此庞大而复杂的社会经济关系，只能求助于市场外因素，产生了"干预需求"。

第二，契约具有的为当事人设定权利和义务的性质，决定了市场契约中对当事方的授权与控权。前面已经提到，法律是市场与国家最好的媒介，也是最有效的手段，因此市场契约的形式自然是法律——国际经济法，其目的便是立法的目的。一方面，社会让渡部分权利给国家，使国家依契约进入市场。这时，社会权利与国家权力相结合，创设出了一种新的权力——国家干预经济的权力。它同时包含公权力和私权利的特点，又与立法、司法、行政权相结合，具有复合性。从这一意义上，市场契约的目的之一，是创设这种权力，并赋予其进入市场的合法性。与此同时，对该权力予以制约，使其在法律范围内行使。另一方面，市场契约以法律的方式确立并保护市场自由，国家干预以尊重市场自由为前提，以保护市场自由为界限。市场契约允许了国家权力进入市场的行为，又设置了权力进入市场的限制，预留出了市场自由、社会自治的领域，既是国家干预市场的契约，又是市场规制国家的契约。因此，契约形式本身就要求国际经济法的客观功用价值必须以设定权利和义务为内容，依法干预经济和规范干预行为。

第三，市场契约的一般性内容直接指向国际经济法的目的性价值，达成契约的目的在于实现、增进这些价值。契约内容是指缔约当事人在契约中约定的权利和义务。市场契约的一般性内容，是在市场契约中涉及的有关国家与社会、市场、个人的一般性的权利和权力。它贯穿于市场契约的始终，是契约具体条款的基础。分析市场契约产生的原因和缔约目的，可以对市场契约的一般性内容作如下安排：首先，市场契约应包含市场自由与社会正义的内容。正义是法律的基本价值追求，要求市场规则的平等、等价、诚实信用等基本内容，对特殊群体提供特殊保护；自由是市场赖以存在的条件之一，要求当事人意思自治、契约自由、交易地位平等，不受外来力量的非法干预。自由的市场并不总是正义的，正义的社会有时需要限制一定的自由。怎样确定两者的关系，既保证市场生存所必需的自由，又实现社会发展所必要的正义，是市场契约的基本内容之一。其次，市场契约应对个人利益、社会利益与国家利益加以界定，对三者在市场中的关系认真考量，在具体规则中体现对不同利益的保护。不同的法律有着自己不同的本位利益，国际经济法应当以社会利益为本位，通过实现社会利益而促成个人利益与国家利益的良性发展。国家利益、社会利益和个人利益三者并不总是统一的，也不可能永远对立。如何确认三者的关系，寻找三者对立统一的平衡点，在保证社会利益的同时，实现个人利益和国家利益的增长，是市场契约的另一个基本内容。再次，对以社会利益为本位的社会效率和结果公平的追求，应当是国际经济法的重要目的性价值。

第四，市场契约的具体内容是对国际经济法价值实现的重要保障。市场契约的具体内容，即市场契约的具体条款应当包括那些内容，用以规范政府对经济的干预、保障市场自由与社会正义，实现效率和公平。根据市场契约一般性内容的要求，市场契约应当包括以下具体条款：（1）缔约双方的地位。市场契约必须明确签约人的地位，表现出国家对市场的尊重，并肯定市场对国家的非附属地位。市场有自己的相对独立性，违背市场规律的权力滥用必将导致市场对政府的颠覆。因此，明确双方地位是市场契约的首要具体条款。（2）政府对市场干预的权力的具体规定，包括权力的渊源、内容和行使的程序等。市场经济是法治经济，法治的重要内容之一是"控权"，经济权力必须做到"有法可依，有法必依"，才能防止权力滥用，防止权力被侵犯。这就要求市场契约应具体地规定经济权力从何来——有关立法与授权问题；经济权力归属何人——权力主体问题；经济权力师出有名——权力行使的内容和程序问题等。（3）政府干预市场的范围，简单来说是有"干预需求"的领域，具体还涉及干预行为需要符合的条件。政府干预市场需要考虑的因素有：干预的成本、干预的效益、干预的缺陷、非国家力量的干预可能、市场的能力，等等。一般来说，当市场无法自己解决失灵，又没有其他力量可供选择，而国家干预的效益大于成本时，才产生合法有效的干预。这些内容，市场契约都应加以具体的规定。另外，还要注意市场是发展运动的，干预的范围和条件也不是一成不变的，应当"动态界定国家干预范围"。（4）违约责任条款。任何契约都少不了责任条款，对于违反契约内容的一方应承担的违约责任必须加以明确，市场契约中的违约责任属于法定责任。在市场契约中，国家权力具有强制力，违反市场规律和市场契约的个人和社会，将由国家权力机关依法处分；如果国家权力的行使违反了市场契约，也应承担违约责任，由有权机关对其课以经济、行政或者刑事责任。市场契约在确定违约责任的同时，还应注意为"权力滥用"提供救济途径，使被破坏的权利得以恢复或获取替代权利。

二、权力（权利）关系对经济法价值的学理意义

权力和权利是法的一对基本范畴，法律的基本构架和主要内容无不是围绕着这一对概念展开的，经济法也不例外。国家对经济的干预是紧紧围绕着权力与权利展开的，是经济领域中权力与权利的冲突与协调。权力和权利之间的冲突与整合直接影响着法律的产生与发展，是构建市场经济法律框架和内容的关键因素，更是法律演进的重要基础。

（一）市场经济是权利经济

市场应当被理解为一种法律架构，自由市场的存在依赖于其在法律上的存在，国家通过立法将人们的自然权利上升为法律权利，并依法对权利做出初始分配，这是市场得以存在和发展的基础。另外，法律用强制力保障权利的实现，并排除可能的权利侵害。因此市场经济是法治经济，更是权利经济。

市场活动以商品的交换为内容，而商品交换从法律上来认识即为一种权利的交换。一般来说，法律权利在市场中主要通过以下几个方面实现经济活动的利益：

1.初始权利分配

交换的可行性前提是权利的存在与主体的行为能力，这种权利的初始分配是由法律来完成的。市场经济是发达的商品经济，生产和交换从纯粹的私人领域进入了公共地带。在公共领域中，人们首先要确定人与人之间的交往规则，并在既定规则下展开活动。这种规则所做的，恰恰是初始的权利分配。权利分配所依据的规则及权利分配的结果对市场资源的配置有约束作用。在市场经济中，资源配置是通过权利分配完成的。同时，要注意的是这种分配是法律的产物。市场经济是法治经济，自始至终应当遵循法律的规定。权利是法律的主要内容之一，同样是由法律确认、分配与保护的。权利主体在市场中进行经济活动的基础便是各自依法所拥有的权利，资源配置落实到了权利配置，通过在市场领域中的法律运用，把资源配置与权利配置有机地结合起来。

2. 市场活动中权利的确认与交换

在初始的权利分配完毕后，权利主体依其分配到的权利进入市场，开始经济活动。首先，市场主体对商品的交易要求确立有关商品的占有、转让、取得权利，以及主体的法律资格与行使权利的能力。其次，在交易中要能确定交易方对商品的合法权利，以及对交易行为和后果的承认与保护，这就需要建立包括物权和债权在内的财产权利体系。再次，市场经济强调自由，追求效率，也需要安全。因此，法律在确认权利的同时，应提供权利保护、权利救济等一系列制度，使权利的行使自由、有效，使受害者的权利得以恢复和补偿，从而保障市场活动的效率与安全。

（二）经济权力的界定

权力是一种主体将其意志强加于他人（物），使之产生压力而服从的力量。在这个意义上，经济权力就是涉经济内容的对经济活动、经济利益、经济资源等进行配置、调节、干预的权力，可以从主体性质上分为国家经济权力和社会经济权力。相对于国家权力而言，社会权力主体更加广泛，对经济干预的内容更为丰富，与市场的关系更加亲密。但是，它的控制性、强制性比较弱，往往产生某种道德责任，缺少法律责任的强制作用。正是因为社会权力没有国家强制力作为依托，也常有人认为社会权力并非一种权力，而属于权利的范畴。应该说，社会权力符合权力的广义范畴，并且在现有的市场经济环境中，获得了部分原属于国家权力的权力，如某些行业协会行使的原行业主管部门的部分权力，在国家与社会的经济生活中占有越来越重要的地位，也是国家权力适应市场规律的一种表现。另一方面，国家权力在市场经济中也发生了重大的变化，其渊源、性质和作用的方式比之在其他经济形态中都更为复杂也更为多样，对市场的良好运行和社会利益的实现都起着更为重要甚至是举足轻重的作用。国家作为主体在市场经济中行使的经济权力，是国家依法拥有和行使的对社会经济生活的权力，包括国家组织、管理、干预市场的权力，是由法律规定的、具有强制性的。

国家经济权力的来源可以从两个层次理解。人们常说，国家的一切权力皆属于人民，从根本上说，经济权力同样是人民赋予的。在现实生活中，经济权力来源于法律的规定和社会实践。法律意义上的来源，是指一切权力和权利的源头皆是宪法的规范。宪法设置权力，赋予权利，对市场资源进行初始分配，保障权力的正当性与权利的实现。在宪法以下，其他相关法律根据宪法的规定，设置国家干预经济的各项权力，对其采取"权力法定"原则，在来源上明确设定，做到"权自法出，法外无权"。社会实践意义上的来源，是指在初始契约状态下的公民权利让渡之后，在社会化大生产过程中，应市场要求而发生的国家与社会之间的权力互动。为了适应市场的发展，政府将自己的权力部分地进行了分离，交由社会管理。其中，一方面是对国家经济权力内容的区分，将经济权利从中剥离，交由企业或独立的部门行使，即对政府经济身份的分离，将国家经济管理者和国有资产经营者的身份明确区分、界定，避免双重身份可能导致的政府失灵和权力滥用；另一方面，是将国家经济权力的一部分交给社会，即国家权力转化为社会权力，表现为政府从某些领域的退出及在某些公共领域放弃垄断地位，如航空、电信、银行业等。通过这种变化，政府在尊重市场经济规律的前提下还权于市场，符合市场利益需要。与此同时，社会也将自身的部分权力让渡给国家，邀请国家加入某些原属于自治的领域，加强市场监管。

（三）权力（权利）关系对经济法价值研究的意义

权力（权利）关系是法学研究和司法实践中的重要内容，对法的价值选择及价值实现有着十分重要的意义。只有准确认识和正确处理不同的权力（权利）关系，才能更好地对经济法价值进行深入的思考，增进经济法价值的实现。

一方面，在选择经济法价值时，要注意本位利益的确认。是以权力为本位还是以权利为本位，国家利益、社会利益和个体利益如何在共同的市场背景中共生互动，相互增进，都是经济法价值研究不能回避的问题。另一方面，在经济法价值实现的过程中，即在经济法运行、实施中应当特别注意这样几个问题。

首先，经济权力的位置与进入市场的途径。市场是通过市场主体权利的作用而自主实现资源配置的，国家权力对市场的干预就是以改变这种权利自然配置为内容的，对失衡的生产、消费和分配等进行重新组合。国家权力的这种能力使市场中的主体对权力的加入异常敏感，会产生本能的抵抗。因此，权力干预的合理性、权力的位置和进入市场的途径是经济权力在权利经济中首先要解决的问题。

三、经济法的基本矛盾对经济法价值的学理意义

作为一个市场契约的经济法，可以被看作是市场经济发展过程中，各种利益冲突相互妥协与调和的产物。研究经济法的价值，必须认识到经济法的基本矛盾，正确理解经济法在矛盾冲突中做出的价值衡量，从对矛盾的协调与整合中把握经济法的目的性价值。

（一）经济法的基本矛盾：社会正义与市场自由

市场失灵的直接受害者是社会，个体经济活动的自由放任使社会整体利益受到损失，社会正义不复存在。然而，政府应市场"干预需求"以法律手段对市场加以调节时，国家强制力的潜在受害者则是市场，政府强行矫正市场失灵，可能导致对市场自由的破坏。法律必须维护正义，市场必须坚持自由，社会正义和市场自由成为经济法中的基本矛盾。考虑到经济法产生的原因和市场缺陷的危害，没有经济法的调整，市场自由必将走向自由反面——垄断，违背市场经济客观规律的政府干预也不可能真正实现正义。因此，社会正义和市场自由这一对固有矛盾是可调和的，并且在终极价值上是一致的。

市场自由必须受到保护，但是市场自由不是没有限制的，要正视自由市场中存在的问题，并通过一定方式予以改进。有时，自由不但不能增进市场效率，反而成为问题本身，引发市场的不正义现象。例如，给予"经济人"的意思自治并不总能将其行为导向"经济"，有时也会出现不经济。如个人的偏好可能会受宗教、种族、性别、伦理等因素影响，这时的经济利益分析不再居于首位。放纵人们追求自己偏好的自由，可能会导致市场的危险、社会的动荡，因此对这种自由引发的歧视，国家法律不能视而不见。市场主体要求自由与自治，但是市场不是自由个体的简单相加，个体的自由无法完成市场所需的整个框架。一个完全合乎法律的个体自由领域是有限的，它与其他个体的自由领域相加或交叉，但这不能涵盖整个市场框架，因为市场的某些地方是自由所无力触及的，这便是公共产品的领域。环境、基础性设施、社会保障等，都不属于"经济人"利益考量的范畴，更不是他们的自由内容。然而，这些部分是完整、健康的市场不可缺少的，由谁补足、怎样补足，国家不可坐视不理。同时，个体自由的行使并不总是依法的，随时有越过法律界限的危险。在利益与法律面前，"经济人"的趋利性常常使其甘愿以违法为代价牟取"更大"利益；在利益与他人之间，也常会出现"利己、损人"的选择。市场自由应当是市场法治下的自由，自由并不代表人们能够得到所欲的一切。卢梭曾说："人类由于社会契约所丧失的，乃是他的天然自由以及对于他所企图的和所能得到一切东西的那种无限权利；而他所获得的，乃是社会的自由以及对他所享有的一切东西的所有权。法律下的自由是有限的，但"趋利"和"利己"常使人们滥用自由，侵害他人自由。法律只要不是特权下的法律，就不能对此听之任之。

消弭自由的弊端，这是市场自身不可能完成的任务。对于市场的干预需求，国家的干预供给是以经济法形式实现的。在干预过程中，法律除了给予市场干预的各种具体规则供给，还给予市场在自由之外的另一项价值供给，即社会正义。社会正义这一概念最早出现在 19 世纪晚期的各种政治经济学和社会伦理学的论文中，20 世纪初，社会正义的理论成为理论界关注的焦点之一。社会正义的主题是"社会的基本结构，或更准确地说，是社会主要制度分配基本权利和义务，决定由社会合作所产生的利益之划分方式"气罗尔斯指出："正义是社会制度的首要价值。自古至今，不同学科的学者对正义有着众多的论述，正义被认为是一个最崇高但也是最混乱的概念之一。就法学而言，价值中心的自然法学和探索实践的社会法学对正义的关注无须多论，就是以价值中立为表彰的实证分析法学，也对正义十分重视。奥斯丁曾以功利主义来衡量法的善恶，凯恩斯在法律和规范结构内谈正义，哈特则提出"最低限度的自然法"。"最低限度的自然法"可谓是对法的正义价值的最低限度要求，正义成为法之为法或法的有效性的内在要求，是法的目的性价值。自由也是法律的价值之一，但是自由价值之于市场与它之于法律是不同的。自由是市场的内在属性，而当其进入法律价值中时，正如博登海默所言："法律始终是增进自由的一种重要力量，与此同时也是限制自由范围的一种重要工具。这种对自由限制的原因与界限应当是社会正义，它通过制度安排与设计进行权利与权力分配，力图在达致正义的同时增进自由与平等。

（二）经济法的基本矛盾对经济法价值研究的意义

经济法对自由与正义这对矛盾的协调中，要求经济法保护市场自由，并以正义为价值目标。如何正确认识社会正义在市场中的意义，通过经济法的运行达致正义、保护自由是经济法价值研究的重要内容。正义是个复杂的概念，在不同的历史时期，不同的经济发展阶段、不同的人们对其有着不同的理解。这里，我们也只能在特定环境中认识和把握正义，即在市场经济中，从社会制度出发理解正义。罗尔斯强调："一定不要把适用制度原则和用于个人及其在特殊环境中的行为的原则混淆起来。"他指出，"社会正义原则的主要问题是社会性的基本结构，是一种合作体系中的主要的社会制度安排"，"是社会主要制度分配基本权利和义务，决定由社会合作产生的利益之划分的方式"。从这个视角理解，社会正义制度是市场存在的必要条件，市场当在一定的符合正义要求的政治和法律制度的构建完成后，得以合法存在。市场自由是该法律结构中的自由，是正义制度下的自由。放任的市场自由可能导致自由的互相侵犯与歧视、破坏社会中的正义与秩序。市场自身无力消除这些问题，国家作为一种外力将社会正义价值引入市场，使市场在自由价值之上受到正义价值的影响，矫正放任自由引发的不正义。因此，放任自由导致的不正义使市场产生干预需求，国家开始了干预供给；市场正义的回复则是市场干预需求的结束和国家干预供给的完成。博登海默指出："一个旨在实现社会正义的法律制度，会试图在自由、平等和安全方面创设一种切实可行的综合体和谐和体"，这是经济法要完成的任务，也是它的最高目的性价值。

第六章　国际经济法的价值目标

由于国际经济法是调整国际经济关系的重要法律部门，因此国际经济法至少包括以下价值目标：秩序、正义、主权、安全、自由、效率、发展、合作、理性、人权等，它们共同构成了一个相对完整的国际经济法价值体系。

第一节　国际经济法的秩序与自由

一、秩序

秩序，"意指在自然进程与社会进程中都存在着某种程度的一致性、连续性和确定性。另一方面，无序概念则表明存在着断裂（或非连续性）和无规则的现象，亦即缺乏智识所及的模式——这表现为从一个事态到另一个事态的不可预测的突变情形。"在一国内部，人们总是希望通过法律所提供的预想模式、调节机制和强制保证来建立一个对人们有益的社会秩序。首先，之所以强调"对人们有益"，是因为秩序本身是一个中性概念，可以是好的秩序也可以是坏的秩序，如"专制秩序"。作为法的价值目标的秩序，特指对人们有益的秩序。其次，在法的诸多价值目标中，秩序具有"中介性"或"手段性"，即法通过对秩序的追求从而达到对诸如正义、自由、安全等"目的性"价值目标的追求，因而法的秩序价值是法的基础价值。

在国际经济法中，秩序表现为国际经济秩序，即"国际经济关系在其发展的各个不同历史阶段形成的某种相对稳定的格局、结构与模式"作为国际经济法的价值目标，它特指能保障大多数人利益的"国际经济新秩序"而非"国际经济旧秩序"。与国内相比，国际社会中人们对秩序的需求更为迫切，秩序的确立却更为困难。这是因为国际社会中对各国意志与利益的协调、保障力度相对较弱，从而使利益的划定、分配与调整不尽人意，而利益归属不清、分配不合理以及对利益冲突调整的不利，都是混乱与无序的根源。与之相比，一国内部往往能够存在较好的秩序，这是由于统治者为减少无序状态，往往利用"以国家强制力为后盾"的法这一国家意志的体现方式将利益的划定、分配、调整法律化。

（一）从南北关系看秩序问题

在无序的状态下，最容易孕育出另一种意义下的"秩序"，即英国哲学家霍布斯在《利维坦》中所说的"一切人反对一切人"的弱肉强食的秩序。其实，在国际经济社会中最先产生的也是这么一种"秩序"——国际经济旧秩序。在对历史的分析中，我们看到国际经济法在其产生之初就反映了资本主义力图统一世界市场、维护垄断资本对殖民地、附属国和其它弱小国家的剥削和掠夺的秩序，其特点是，以不合理的国际分工为基础的国际贸易体制、以垄断为特色的国际货币金融体制共同支配国际经济社会，从而使众多殖民地与弱小国家长期依赖于发达国家；与此相对应，在处于依附地位的国家未参与也不可能平等参与的情况下，制定并形成了一整套仅仅体现和维护发达国家利益的国际公法和国际经济法律规范。可见，国际经济法在产生之初确立的"秩序"并非是作为其价值目标的秩序。

二战以后，新兴社会主义国家与民族独立国家努力改变这种对其发展极其不利的秩序，经过与发达国家的斗争与对话初步达到了自己的目的，主要表现为联合国大会相继通过了《建立新的国际经济秩序宣言》及其《行动纲领》、《各国经济权利和义务宪章》、《发展和国际经济合作》的决议。上述四个文件被认为是"建立新的国际经济秩序的文件，是指导各国经济关系的法律文件"。其中前两个文件对建立新的国际经济秩序的方向进行了明确表述："将建立在所有国家的公正、主权平等、互相依靠、共同利益和合作的基础上，而不论其经济和社会制度如何，这一秩序将纠正不平等和现存的非正义，并使发达国家和发展中国家之间日益扩大的鸿沟可能消除，并保证目前一代和将来世世代代在和平与正义中稳步地加速经济与社会的发展"。

尽管发展中国家取得了一些成果，但这并未从根本上动摇旧的国际经济秩序，而且这些"成果"往往被发达国家拒绝承认。例如，一些发达国家的学者认为类似《各国经济与权利义务宪章》等文件不具备坚实的法律基础，并未产生普遍的约束力，因而往往对之视而不见。与此同时，发达国家继续在国际经济交往与交往规则的制定中占据主导地位，这些规则进一步巩固原有的国际经济秩序。由此可见，在当代，国际经济法既是发展中国家追求新秩序的手段，又是发达国家维护旧秩序的工具，具体表现为：反映新旧两种国际经济秩序的法律原则及法律规范可能共存于一个条约中或一个条约体系中，如在 GATT 乌拉圭回合谈判中，南北国家进行了针锋相对的斗争，最后，发达国家在服务贸易、知识产权、投资等领域收获颇丰，仅在工业品关税及非关税壁垒、服装纺织品贸易方面做出一些让步。GATT 一揽子协议将双方的收获与让步加以确认，使这些协议成为了新旧国际经济秩序共存局面的见证。可以预见，国际经济新秩序既不可能按发展中国家理想去构筑，也不可能由发达国家随心所欲地建立起来，而是双方在相互依赖与相互对立中不断斗争与妥协的产物。国际经济法也将在这种斗争与妥协中不断趋向自己的价值目标。

（二）从商人交往看秩序问题

我们已经习惯了从南北关系来谈国际经济新秩序，其实除了国家与国际组织等公法性本体以外，商人（本文特指国际经济法中自然人、法人、非法人组织等私法性主体）在推动国际经济新秩序的建立中也不应被忽视。这首先是因为从微观的、商人交往的角度探讨秩序问题，可以最大限度地排除从宏观的、南北关系角度探讨秩序问题时不可避免的政治色彩，从而可以从比较纯粹的法学角度去探讨。其次是因为最初的国际经济法律规范即产生于商人交往中，秩序也是最初在商人之间建立起来的。有学者认为，这些最初的规范"主要形式是商人法（各国商人在长期的国际经济交往中形成的可惯被商人法庭援引作为处理国际商事争端的依据，逐渐发展而成的具有约束力的判例法或惯例）和国际商事惯例。"尽管人们对习惯、惯例、习惯法等概念的认识仍有分歧，但对于国际经济社会中最早产生的秩序存在于商人之间却有共识，"总结学者的研究可以认为，在前资本主义时期，真正的公法性主体间的国际经济关系，既缺少有效的生成、也缺少有效的法律调整；而私法性主体之间的国际经济关系则已在很大程度上得到了一定的发展，并且有了一定的法律调整。"国际间商人力量的不容忽视与国家在国际间力量的有限性有密切联系，可以说，正是国家在国际经济领城力量的有限性给商人力量以较大程度的发挥提供了空间。以国际商事领域为例，国家之间通过协调制定一部《国际商事法典》的难度远远大于每一国家在国内制定一部《商事法典》的难度，因此，国际商事法律规范往往更多的以惯例而非条约的形式存在。可以说，在国际经济法所调整的这一特定领域内，商人的"自治性"是异常突出的。这一点可以从国际商会自 1919 年成立已来编定的大量商事惯例所发挥的作用中看出来。在国际商会所编定的《国际贸易术语解释通则》、《托收统一规则》、《跟单信用证统一惯例》三项惯例中，"第一项已被公认为最重要的商人自己的立法之一，在实践中发挥着十分重要的作用，后两项已成为国际支付领域中最重要的规则，被各国银行广为采用"。除此之外，由国际法协会编订的《牛津——华沙规则》以及由国际海事委员会批准的《1974 年约克——安特卫普规则》在调整国际经济关系方面同样发挥了重要作用。大量的"商人自己的立法"弥补了国家对这些领域调控能力的不足，从而为商人交往提供了一个自由、安全的交易环境，从微观方面推动了一个公正合理的国际经济新秩序的建立。

因此，无论从宏观层面南北关系的角度还是从微观层面商人交往的角度来看，一个公正合理的国际经济新秩序都是世界上大多数人所希望的秩序，而作为国际经济法最基础的价值目标，它的最终实现也就是正义，自由等其它价值目标的实现。

二、自由

对自由的渴望是人类的天性，对自由内涵的探索也让古往今来的许多思想家皓首穷经。一般而言，自由至少有字面、哲学、法学三个层次上的含义。从字面上看，无论英语中的 freedom，还是汉语中的"自由"，它的意义都是"不受拘束"；从哲学层面讲，自由意味着：对必然性的把握和对客观规律的认同；就法学意义而言，自由指的是在国家权力允许的范围内活动。这三方面的含义是相互联系着的。要想获得自由，就必须向客观规律认同，而社会生活的客观规律就是，人必须过有组织的社会生活，必须受社会秩序的制约，所以人不可能彻底摆脱拘束，只能以忍受一些拘束为代价而获取相对不受拘束的生活，因而自由永远是相对的，是和限制联系在一起的，不明白自由的限制在那里，就不能了解什么是自由。而现实中人们总是通过制订规范、建立秩序来确定自由，所谓"法不禁止即是自由"就是这个意思。

（一）自由作为国际经济法价值目标的必然性

在国际经济法中，是如何追求与体现这种自由的呢？从国际经济交往的历史与其理论基础中我们可以找到答案。

作为国际经济法最早出现的分支，国际贸易法一直以贸易自由化作为基本原则。"经济学家认为：自由贸易能最大限度地实现资源的合理配置，从而达到增进各国福利，提高人民生活水平的目的。因此，国际贸易法的目标就是调整在国际贸易这个竞技场上的国家、法人、个人的行为准则，在不违反一国强制性法律规定和公共秩序的情况下，广泛承认合同双方的自主权利，即自由确立合同内容、自由选择管辖合同的法律，自由决定将其争议提交仲裁或司法解决的权利，在一个开放的市场上逐步削减关税及其它非关税壁垒，最终实现货物、技术、服务和资本在全球范围内的自由流动。这个目标或许仍十分遥远，但正像著名经济学家保罗·A·萨谬尔森所言：我们可以像小马丁·路德·金那样说，我们也怀有一个梦想，这个梦想就是东方和西方都可以利用市场的显著效率，服务于人道社会的目的。"

从根本上讲，经济交往自由是市场及价值规律的内在需要。为了追求最大的商业利润，商人们力求冲破各种自然和人为的障碍，将价值规律推向全球，正如一位外国学者说的那样："全球化是一个将近1000年前始予地中海，并随着15、16世纪的地理大发现而取得了决定性大发展的过程的继续。它不过是重新恢复了资本主义那既是国际的，更是跨国的原始使命，这就是把疆界和国家，传统和民族统统踩在脚下，迫使一切更加服从惟一的价值规律。"作为调整国际经济关系规范总和的国际经济法，也必然在一定程度上把以价值规律为特征的市场经济运作模式加以固定和规范，因此，市场经济对自由的追求也就转化成了国际经济法对价值的追求。

（二）自由在国际经济法中的表现和发展趋势

在国际经济法领域，最能体现经济自由的莫过于WTO法律框架下的一系列法律制度。可以说，GATT与WTO的成长史就是一部经济自由制度的发展史。

根据产生背景及基本原则可以看出，GATT的基础是实行以市场经济为基础的自由贸易体制，其任务是恢复已被三十年代经济危机的保护主义及第二次世界大战所窒息的世界贸易，致力于创建一个旨在实现贸易条件的稳定与透明，并逐步促进贸易自由化的贸易体制。因此，GATT必然要求"贸易价格应完全由成本和市场供求因素来决定；从事进出口业务的企业应是完全独立的，且以追求利润最大化为目的，并能自由地对市场信息做出灵敏的反应；政府应减少甚至取消干预市场机制发挥作用的行为，以逐步实现贸易自由化。由于GATT条款酝酿与谈判期间，发挥主导作用的都是主张自由贸易的市场经济国家，因此其条款也就充分反映了以市场经济为基础的自由贸易原则。

可以预见，在未来相当长一段时间内，商人将需要国家在以下几方面帮助自己实现经济自由：第一，要求政府赋予其更为优惠的投资条件。以跨国公司为例，它们不仅有能力让发展中国家赋予其优惠的投资条件，而且在其母国，如果某项法律有碍于他们的扩张，他们就可以以撤走重要领域内的资本相威胁以迫使政府让步。因为政府知道这些公司完全可以到本国以外寻找到更好的投资环境，包括便宜的劳力、最低的税收和最多的优惠。第二，要求政府进一步放松对商品、资金和人员流动的限制。尽管在GATT和WTO

框架之下，商品国际流通的限制已大大降低，但无论在关税方面还是在非关税措施方面，政府的管制还依然存在，所以，商人将继续对政府施加压力，以使商品进出口的政府限制进一步减轻。与商品的国际流通相比，资本的国际流通所受到的政府限制可能更为严格，特别是在直接投资领域，绝大多数国家都规定了产业领域的限制，对于关系到国家安全（包括经济安全）的产业领域，通常都禁止外国资本的进入。然而，由于资本全球化是经济全球化的核心，所以，对于商人来说，对资本流通的限制将是最不能容忍的限制。因此，在未来的经济全球化的过程中，商人将以推动政府削减资本流通障碍作为主要的努力方向，事实上，WTO 有别于 GATT 的一个重要特征，就在于将资本市场的准入问题纳入多边谈判领域。《服务贸易总协定》在确立各成员国管理国际服务贸易的一般规则的同时，开启了相关领域的资本准入的谈判；《与贸易有关的投资措施协议》更是直接涉及了直接投资问题。尽管这两个协议还都不是专门规定国际直接投资问题的协议，但是，这两个协议的签署已传达出明确的信息，即资本市场的准入问题将归入世界贸易组织的决策范围。第三，要求政府对本国商人的海外利益给予更为严格的保护使其免受损失。商人所要求的对其海外利益的保护将体现在货物贸易、技术转让、直接投资等各个领域。例如，随着世贸组织内容丰富的知识产权协议的实施，商人的知识产权国外保护将成为一个重要问题。其他发达国家很可能步美国的后尘，以类似"301"条款之类的机制来保护本国知识产权权利人的利益。又如，认为在外国受到"不当的"反倾销、反补贴指控的商人，也可能会求助本国政府通过外交手段寻求"公平的"或更好的结果。此外，在一些传统问题上，商人也会推动本国政府迫使外国政府做出新的让步，以使自己的利益得到更好的保护。众所周知，在外资国有化的利偿标准问题上，已有越来越多的发展中国家在越来越多的场合接受了发达国家的"充分、即时、有效"的利偿标准。在其他方面，例如在外国国家及其财产的司法管辖豁免问题上，采取相对豁免主义的国家（主要是经济发达国家）也可能迫使坚持绝对豁免主义的国家做出新的让步。第四，要求本国政府对来自国外的竞争加以限制。来自国外的竞争可分为正当竞争与不正当竞争两类，对于来自国外的不正当竞争，一国商人自然可以要求本国政府依法加以保护。国的反垄断法、世贸组织的反倾销、反补贴协议都可以提供这方面的法律依据，问题在于，对于来自国外的正当竞争，商人也可能寻求本国政府予以限制。在这里，我们需要将商人加以区分。有国际竞争力的商人希望市场不受国界的限制，他们不怕来自国外的竞争，并希望能够不受限制地竞争于其他国家的市场；而不具备国际竞争力的商人则希望以国界挡住外来的竞争。他们将推动本国政府在各种借口之下采取以合理、合法的措施（如环保措施），将强有力的竞争者挡在国门之外。可以看出，缺乏国际竞争能力的商人将是经济自由化的拦路者；他们的影响下所形成的法律规则当属国际经济法演进过程中的一股暗流。

（三）对国际经济法追求自由进程的反思

自由本质上是个人自由与社会和谐的统一。反观国际经济法的现实，可以发现国际社会商人的经济自由往往得到了较大程度的实现，而且随着其进军领域的扩大以及相关国际经济法律规范的支持，其自由程度仍将不断加深，然而国际社会是否同时获得经济方面的和谐？显然没有。一些商人的自由往往以相关国家及人民利益的受损为代价。从牙买加牛奶产业的全面萎缩到印度尼西亚金融危机后的一片萧条，我们看到的是许多发展中国家人民对"自由"的憎恶而非赞美。这不是自由本身的过错，而是我们缺乏一个保障自由真正得以实现的良好的全球经济秩序，缺乏一个确立并合护这种秩序的"良好"的国际经济法律体制。因为没有这种秩序和体制，自由就会褪变为一种任意的个性发挥，也就是对自由的扭曲和对文明的亵渎，正如博登海默所说："一种在物质上和知识上都高度发达的文明，并不能确保一种'善的生活'，除非它也教导人们为了他人的利益而用自我约束的方式调和自我利益，教导人们尊重他人的尊严，并教导人们设计、调整各种层次其中包括国际社会层次的群体生活的共存与合作的适当规则啦"。

第二节　国际经济法的主权与安全

一、主权

主权能否成为国际经济法的一项价值目标？此问题的提出源于这样一个事实：在众多关于法的价值的论著中，秩序、正义、平等，自由无一例外地被列为价值目标，而效率、安全、人权、理性、合作、发展等价值目标也常常被提及，唯独未见将主权列为法的价值体系中之一员。

经济主权是主权在国际经济领域的体现，它首先意味着各国对本国自然资源、财富和经济活动有永久主权，包括有权对外资实行国有化、以及对外资、跨国公司的活动有管理监督权；它其次意味着各国主权平等，包括各国有权选择本国经济制度、在国际经济决策中平等参与、自主确立对外经济关系。在国际经济法中，经济主权原则已经成为一项最重要的原则，并且被认为是建立国际经济新秩序的基石。然而随着世界经济的发展，经济主权观念受到了冲击，形形色色的"主权过时论"使我们有必要重新审视主权的地位和变化。

（一）对"主权过时论"的驳斥

尽管人们对"大同世界"和"乌托邦"的希冀由来已久，但事实证明，自国家产生以来，法律在国际层面上的统一，从来都是以国家主权为基础的，从未出现过以理想中的"世界主权"为基础的"世界法"或者"世界联邦法"。其实，"实现法在国际上的统一，并不在于用一位世界立法者颁布的统一超国家的法取代各国的国别法，人们可以通过各种不同的方法，诸如订立公约、采用标准合同或标准条款来实现一些进步，以逐步改善国际的法律关系制度。"需要指出的是，法在国际上的统一应基于国家之间的合作和对别国主权的尊重，而非基于部分国家的强权和对别国主权的蔑视，在后者的基础上实现的统一只会使一种不公正的秩序得以确立，"主权过时论"便是意图消解人们主权观念的一种理论。这一理论的渊源是十九世纪末二十世纪初法国公法学家狄骥所倡导的"社会连带关系"学说。该学说否定国家主权和国家人格，认为国家并无任何权力，国家不过是一群人，社会只是由于连带关系而存在。西方一些法学家，如希腊的波利蒂斯和法国的塞尔，把狄骥的这一学说应用于国际法，便提出了根本放弃或抛弃主权的观念，即"主权过时论"，值得注意的是，主权过时论的提出与资本主义进入垄断阶段几乎是同步的，因此，它显然顺应了垄断资本对外扩张的需要，为资本主义国家对外侵略扩张、强占殖民地排除了原有理论上的障碍，提供了新的理论依据。

近年来随着世界经济和政治形势的发展，这一理论在新的动力下表现出新形式。这种动力就是全球化，新形式包括政治领域中的"人权高于主权"、"新干涉主义"和经济领域中的"弱化经济主权"。这些新形式的实质仍然是让发展中国家淡化主权观念，从而为发达国家自身利益服务。与此相反，发达国家自身往往坚持"绝对主权论"，强调自身主权的至高无上，为了本国的利益而不惜侵犯他国主权。对此，1996年美国的《赫尔姆斯—伯顿法》与《达马托法》就是一个明证，它不仅侵犯了古巴、伊朗和利比亚的经济主权，同时也侵犯了与上述三国正常进行经济往来的所有国家的经济主权，因此不可避免地触犯众怒，成为众矢之的。由此可见，"主权过时论"并无法理和事实上的依据，只是一些发达国家推行政治斗争的工具。

（二）经济主权面临的冲击

主权过时论固不可取，但这并不否认当代发展中国家经济主权所受到的影响。从事实来看，这一影响主要来自两个方面，即跨国公司与国际组织。

1.跨国公司

跨国公司作为国际经济活动的主体之一，在全球化过程中其影响不容忽视。当今跨国公司已经发展为影响和左右世界政治经济过程的实力强大的非国家行为主体，它们的财力和能量甚至超过了一些中小民族国家，全球化使跨国公司为阳氏生产成本、减少运营风险而在全球范围内实施最佳资源配置和生产要素组合，这就需要到其他国家投资，需要利用该国的土地和自然资源，在一定程度上影响了国家资源配置能力。经济全球化以跨国公司雄厚的经济实力为基础，如果主权国家为了保护本国民族经济而采取贸易保护措施，其结局可能是跨国公司撤回投资，把资本转移到有较小贸易障碍、能获取更大利益的地区。面对全球化和发展本国经济的强大压力，主权国家不得不做出让步。更有甚者，有些跨国公司甚至通过收买和培养代理人的方法插手主权国家的内政，左右东道国的政治进程和经济政策走向。国际电报电话公司在 1973 年颠覆智利阿连德政府以及英国石油公司在 1953 年帮助推翻伊朗摩萨德政府中所起的作用即是很好的例子。可见，跨国公司可能成为制约民族国家主权、尤其是发展中国家主权的重要因素之一。如何协调好跨国公司与主权国家的矛盾已成为经济全球化中的一个重要问题。

2. 国际组织

全球化促进了生产的全球分工，在经济、贸易领域各国的联系程度较之以往更甚，一些国际经济组织便可以将其"触角"延伸至成员国主权管辖的内部事务。如国际货币基金组织于 1992 年做出的关于前南斯拉夫在该组织地位的决定，裁定南斯拉夫联邦已不复存在，由其分裂的五个共和国为前南斯拉夫在该组织的财产和债务继承者。该决定与其说是裁定一个主权国家在该组织的成员资格，不如说是决定和宣告一个主权国家是否存在。当一个国家处于内乱和武装冲突时，并在该国境内少数民族或几个民族纷纷要求独立的情况下，政府间国际组织通过审查成员国地位的方式做出原国家消亡并做出承认新国家的正式决定，这在冷战前实属罕见。以泰国为例，东南亚金融危机时国际货币基金组织给其货款以实行经济稳定计划，但条件是由它监督泰国的财政预算，要求泰国进行改革并实行企业私有化。再如韩国，国际货币基金组织也提供贷款帮其渡过金融危机，但韩国必须接受的条件是：减政府开支，减少进口限制，保证政府不干涉中央银行工作等。

另一个重要的经济组织是世界贸易组织，根据世贸组织规则，世贸成员不得随意制订关税税则，非关税措施的制订也要遵循相关规定，成员国采取的技术标准和措施要顾及世贸组织有关协定并要有透明度，等等。它的大量政策触及到过去属于成员国国内管辖的排他领地，其范围延伸到一向为国内专属管辖的行业。

透过事实可以看到，经济主权所受到的冲击从更深的层次上讲，源于"市场"与"国家"的矛质。有学者认为市场经济是极富穿透力的一种力量，具有很强的地理扩张倾向，其逻辑是将经济活动集中在便于生产并获得高额利润的地方，因而往往超越政治藩篱；而国家行动的逻辑则是保证本国经济增长及资本积累并控制这一进程，进而使其服务于某种意识形态。国家与市场的冲突经常发生，但并非不可调和。国家本可以在主权不受影响或仅受较小影响的情况下解决这一冲突，而不会是我们现在所看到的这样，也就是说，单纯从理论上分析，市场不会"侵犯"国家，将这一结论扩展开来，可以认为若仅将经济全球化视为市场经济模式的全球扩张，那么经济全球化绝不必然等同于国家经济主权的受损，它只会促使各国联合起来，将各自让渡出的主权在国际层面上共同行使，从而解决本国急需处理而单凭自身力量又无法解决的问题。这是一种不同于传统主权行使方式的"另类方式"，但它是一种有效的方式，从中也未看出一国因此受损，相反，它只会给本国带来利益。

综上所述，当代国家经济主权确实受到了冲击，这种冲击不是来自市场经济这一特定经济发展模式，而是来自伴随这种模式来而的发达国家的经济、政治、乃至文化理念。正是在这种意义上，人们才会说"经济全球化，全球美国化"，也正是基于此，我们才会说，当代国际经济法更多的表达了强国的意愿。

（三）经济主权在当代的地位

发展中国家的经济主权受到影响是一个客观事实。对此，我们不必为自己遭受了不公正的对待而扼腕叹息，更不必为一个"超民族国家的世界体制"的来临而击手相庆，因为我们必须面对现实，而不是面对历史和幻想。这个现实就是：立足于国家主权、参与国际经济合作与协调，成为国际经济交往规则的刹定者之一，从而维护当下和未来的利益。只有立足于主权我们才能做到这一点，正如一些非洲国家所指出的那样："主权是我们防止出现不平等世界规则的最后防线。"

1. 经济主权是国家的基石

在当代，经济全球化所带来的问题使国家的重要性日益突出，这主要表现在以下三个方面。

第一，市场经济除具有优化资源配置和提高效率等优点之外，还同时具有盲目性、自发性和滞后性等缺陷，资本扩张可带来经济发展，但不一定带来综合的社会发展，因为资本扩张的目的是高额利润。正如前文所述，随着经济全球化进程的加快，社会财富在大量增加，但财富的集中程度也更为提高，全球贫富差距日益扩大。"今天，我们的社会就像 19 世纪和 20 世纪初的社会一样，正面临着同样一个问题，这就是资本主义的过度放纵。例如：在金融与工业产业部门的数量日益增多的条件下，存在着走向寡头政治结构的强烈发展趋势。在加强本地区全球竞争能力的借口下，进行区域或全球范围的公司联合兼并；政府放弃对劳动岗位的管制，削减甚至逐步取消社会福利纲领，与此同时，大规模的失业成为今后 15 所以至 20 年内最主要的社会问题。促进本国公司的竞争能力被说成是创造劳动岗位的最佳途径；对受社会排挤的居民越来越冷漠；在保护竞争能力的借口下，越来越频繁地要求推迟或者干脆废除生态保护决定。"

第二，经济全球化还对国家权力的行使带来挑战。在相对封闭的社会中，一国的政治、经济的稳定，主要受国内因素的影响，而经济全球化则使维护国内政治、经济稳定的工作变得更加艰巨。例如，当今的"通讯革命——打破了国家对信息的垄断，穿越国界，使人可以听到和看到外国人是如此以不同的方式行事的，它也使富国和穷国之间比 50 年前更了解它们之间的差距，刺激人们进行合法的和非法的移民。这些变化使社会甚至整个国家都越来越难以控制本身的命运。"

第三，在世界范围内，本来就缺乏政府对市场进行有效调节的机构和机制。经过近 100 多年的实践，政府已建立起国内市场调控制度，并积累了相当的经验。政府可通过各种措施来纠正市场经济的缺陷给社会带来的不利影响。而在国际社会中尚不存在可对市场经济进行有效调节的机构和机制。如果在这种情况下放弃必要的政府控制，经济全球化将意味着很大的社会风险。东南亚金融危机的爆发更使各国政府强化了这种意识。

所有这些都决定了政府在推动经济全球化的同时，也会积极探求建立某种有效的调控机制，以减少经济全球化对国际社会所带来的负面影响。

从上述分析中可以看出，国家不能没有经济主权，在国际经济交往及全球性问题的解决中，主权国家是一个最基本的单位，"要使利益协调和普遍化的程序、创造性地策划共同利益的程序制度化，不能靠根本不受欢迎的世界国家，这一组织形式来实现，而要靠以前各主权国家的自主、自愿和独特性来实行。"

2. 经济主权是国际经济法的价值目标

从以上对经济主权的理论、受到的冲击以及在国家中地位的分析中可以看出经济主权对国际经济法的意义。需要指出的是，将主权列为国际经济法的价值目标，决不意味着国际经济法追求的仅是某个主权国家内部人民的利益。与秩序价值类似，主权价值也具有中介性和手段性，通过对主权国家内部人民正义、自由、人权等价值的维护，通过对来自主权国家外部非正义行为、规则的抵御，从而促进全世界人民的共同利益。可以说，对主权价值的关注程度是国际经济法价值研究区别于国内法价值研究的重要内容。

二、安全

安全与正义、秩序密切相关，一种正义的秩序必然是安全的秩序，"安全被视为一种实质性价值，亦即社会关系中的正义所必须设法增进的东西。因此在这种视角下，安全同法律规范的内容紧密相关，它们所关注的乃是如何保护人们免受侵略，抢劫和掠夺等行为的侵害。再从缓和的角度来看，它们还可能关注如何缓解伴随人的生活而存在的某些困苦、盛衰和偶然事件的影响。"在西方思想史上，对安全最为推崇以及有最完整表述的当属英国学者霍布斯，他的一句格言至今仍被常常引用，即"人民的安全乃是至高无上的法律。"而其它西方思想家并未给予安全以如此崇高的地位，只是给予安全一张"幕后交椅"，这是因为他们认为安全对于秩序而言具有派生性，即它的作用在于保证人们享有的生命、财产乃至正义、自由、平等等价值稳定化并尽可能持续下去。正是由于具备安全价值，法律才能"对于权利而言是一种稳定器，而对于失控的权利来言是一种抑制器，从法律上对自由和平等进行规定的目的，就在于使今天所赋予的权利不会在明天就被剥夺掉。

安全对于国际经济法来说具有重要意义。在国际经济法所调整的国际贸易、国际金融、国际投资三个重要领域，安全价值尤其值得关注。

（一）国际贸易法与安全

1. 国际货物贸易法律规范与安全

在有关货物贸易的法律规范中，无论是调整商人交易关系的私法性规范，还是协调各国贸易政策的公法性规范，很多都体现出人们对安全的关注。第一，在《联合国国际货物买卖公约》中，从合同的成立、合同的形式到双方权利义务的规定、违约的救济以及货物所有权与风险的转移，无不是最大限度的在为当事人的交易安全着想。这些规定尤其是货物风险的划分在另一重要规则即《国际贸易术语解释通则》中也有体现。第二，在货物运输方面，《海牙规则》、《维斯比规则》、《汉堡规则》三个专门调整海事关系的公约中，对承运人责任的不断加重，客观上督促了承运人加强对航行与船舶管理中安全因素的考虑。第三，在货物运输保险方面虽然无专门的国际条约，但一般认为"伦敦保险业协会货物保险条款在国际保险市场上有较大影响，此类保险的作用就在于集中分散的资金来剥偿国际货物的买主或卖主的意外损失，使特定的损失化整为零，以保障国际贸易的顺利开展。"第四，在国际贸易支付方面，由于存在汇率变动、外汇管制等风险以及身处异国的当事人互不信任的倾向，当事人对安全尤为关注，因此，在二十世纪三十年代就早早的产生了关于票据的日内瓦公约；也正是基于安全的考虑，于 1971 年就开始酝酿的《国际汇票和国际本票公约（草案）》时隔三十年仍未生效。与公约相比，《托收统一规则》和《跟单信用证统一惯例》两项国际惯例却已经发挥了重大作用。信用证支付方式以其特有的"银行信用"，为增进交易安全，维护交易秩序立下功劳，对此，《跟单信用证统一惯例》功不可没。

2. 国际技术贸易法律规范与安全

在国际技术贸易中，由于技术这种无形商品所独具的专有性和人身性，在交易中当事人极易遭受损害，因而对技术本身以及技术交易进行保护就成了《巴黎公约》、《马德里协定》、《与贸易有关的知识产权协议》以及联合国《国际技术转让守则（草案）》等规则的宗旨。作为国际技术贸易的一种主要形式，国际许可合同（或称国际许可协议）特别强调协议的类型（如独占许可、排它许可、普通许可、交叉许可）以及担保条款、专利侵权条款、保密条款等涉及交易安全的内容。

3. 国际服务贸易规范与安全

在国际服务贸易中，除了与货物贸易相关的运输、保险、金融等服务以外，国际旅游、租赁、电讯、会计、律师以及商品批发零售等其它服务都可以作为服务贸易的标的，其范围之广，对一国经济渗透之深，都是前两种贸易所不能匹及的。在 GATT 的乌拉圭回合谈判中，发展中国家最反对将服务贸易纳入谈判范围，认为服务贸易的比较优势基本都为发达国家所有，自己不会在自由的服务贸易中获得好处，反而会使本国安全受到挑战，因为首先，发展中国家的金融、信息、通讯、数据处理等行业大都属于需要保护的"幼稚行业"缺乏国际竞争力，而且认为有些服务行业的对外开放，将会涉及国家机密和主权而直接损害国家利益。其次，IIAR 贸易与货物贸易在监管方式上大不相同，对于服务贸易，一国无法通过关税和非关税措施进行监管，一般只能通过国内相关规则来做出规定，如对提供服务的主体资格限制、股权限制、经营限制、税收歧视或补贴歧视等。对此，如何趋利避害，保障本国经济安全成为发展中国家在服务领域要首先考虑的问题。

（二）国际金融法与安全

与国际经济法其它分支相比，国际金融法与安全问题联系最为紧密。二十世纪九十年代金融危机的频繁爆发，特别是东西亚金融危机和俄罗斯、巴西金融危机带来的巨大破坏作用，使很多人担心全球经济的不稳定将成为一种常态。众所周知，金融是当代国际经济生活的核心，在国民经济中居枢纽地位。当今的"无国界经济"。虽然提高了金融体系的运作效率、使国际资金的划拨与融通空前便捷，但在促进发展中国家利用外资，实现世界资源优化配置的同时，其特有的脆弱性、敏感性往往使发展中国家的经济安全受到破坏。不可否认，这与发展中国家金融市场不健全，具体制度不完善、以及缺乏有效监管机制有关，但正如国际金融投机者索罗斯所看到的那样"在这些现象背后的，是整个国际金融体系的缺陷和它内在的不稳定性固。"

只有一定的规则才能弥补这种缺陷、消除这种不稳定性。而能担当此重任的，只有被注入安全价值的完善的国际金融法。

（三）国际投资法与安全

学者们通常认为国际投资法不仅调整跨国私人之间的投资关系，也调整外国私人投资者与东道国之间、海外投资者与母国之间、资本输入国与输出国之间关系。可以说，在这四种关系中，后三种的存在主要是为了保证第一种关系的安全，国际投资法对安全的重视由此可见一斑。对此，可以从各国国内和国际的投资保险制度以及国际投资争端解决制度中看出。

1. 关于投资保险的国内和国际制度

投资保险的国内制度一般指资本输出国的海外投资保证制度，这一制度往往以资本输入国、资本输出国之间的双边投资保证协议为基础。众所周知，国际私人直接投资不仅面临商业风险，同时与其它商业活动相比更容易受到汇兑险、征收险以及战乱险等政治风险的影响。因此，资本输出国政府为减轻投资者顾虑、鼓励其向外投资，就推出海外投资保证制度。当投资者向本国投资保险机构投保后，如果承保的政治风险发生致使投资者受损失，则由国内投资保险机构赔偿其损失。由于这些保险机构往往具有官方性，于是该机构对投资者支付损失赔偿金后，由国家出面并依据它在与输入国的投资保证协议中取得的代位求偿权向资本输入国索赔。由于资本输入国，即投资者所在的东道国对输出国代位求偿权有所忌惮，因而不敢随便对投资者采取措施。从这种意义上讲，海外投资保证制度最重要的作用不在于政治风险发生后对投资者予以经济剥偿，而在于借助两国投资保证协议，在一定程度上防患于未然，尽可能使风险事故不会发生。

一国国内的投资保险制度在保障投资者与资本的安全方面起到了很大作用，但是资本输出国也意识到，"针对不断发生的政治风险，单靠各国国内法上的海外投资保证制度，尚不足以有效地达到海外投资保护目的，故长期以来，发达国家一直希望采用多国间条款的形式，建立关于海外投资保证的国际法制度，达到共同协调、分担风险、保护海外投资的安全与利益，并促进国际投资的发展。"《多边投资担保机构公约》与各国的海外投资保证制度相比，它在服务对象、承保范围（如增加"违约险"）、保险能力等方面远远优于一国海外投资保证制度。尤其重要的是，它对吸收外资的发展中国家会员国同时赋予"双重身份"：一方面，它们是外资所在地的东道国，另一方面，它们同时又是多边投资担保机构的股东，从而部份地承担了外资风险承保人的责任。这种"双重身份"加强了对东道国的约束力，对外资在东道国可能遇到的各种政治风险起到了多重预防作用。

2. 国际投资争端解决制度

预防与补救是安全的两翼，投资保险制度的"预防性"与争端解决制度的"补救性"共同保证了国际投资法对安全的追求。国际投资争端主要分为国家之间的投资争端、国家与他国国民之间的投资争端以及不同国籍私人投资者之间的投资争端。争端的解决方式主要分为政治解决和司法解决两种。当前有关国际投资争端解决制度的公约主要是《关于解决国家和他国国民之间投资争端的公约》，即《华盛顿公约》。该公约及"解决投资争端国际中心"在解决投资纠纷稳定国际间投资关系方面起到了巨大的作用。

综上所述，从国际经济法的三个主要分支中可以看出，安全是国际经济法的一个重要价值目标。然而，对"安全"应该进行正确的认识，当今的国际经济法对安全的追求具有表面性和偏向性，即冠以"国际"的名义却往往在为个别国家的安全考虑，无伦是发展中国家的保护主义作法还是发达国家力图摧毁这幢保护墙的种种努力，无不显示了这一点。我们相信，期望中的国际经济法将在对各国的协调中将世界经济安全推向一个新的台阶，然而我们不得不承认，在当今发达国家对国际经济交往规则享有主导权的情况下，安全的获得者不是发展中国家而是发达国家。发展中国家唯有加强防范措施并利用各种机遇加快发展，以自己的经济实力为自己在制定"游戏规则"时争得发言权。唯有如此，真正的安全才能得以实现。

第七章　国际经济法价值的实现

　　法的价值实现是法的价值研究纵向展开后的最后一个环节，它与法的价值概念、法的价值目标共同构成了一个相对完整的价值研究体系。

　　如前文所述，法的价值目标展示了人对法的期望与理想，它是人类在社会实践中概括起来的、并经过一代又一代人不断精炼后而确立的。法的价值实现主要就是指法的价值目标的现实化，也就是人类期望与理想的现实化。然而，由于价值目标具有超越性，法的价值实现就注定成为一种无限追求的过程。但正是这种绝对超越性使正义、自由等价值目标具有无穷魅力，也正是在这种无法企及的追求中，法进步了，人类也进步了。法的实现也许永远只是阶段性的，但一个个阶段性的价值目标的实现，也就构成了法的价值实现的历史链条。

　　国际经济法的价值实现与其它部门法的价值实现一样，离不开人的法律实践，只有将法的价值目标融入到法律实践，依靠公正的执法和司法、依靠人们自觉的守法以及必要的法律监督，法的价值才会实现。由此可见，法的价值实现过程也就是法的实现过程。

第一节　国际经济法价值实现的条件

　　人们对价值的渴望程度往往与价值实现受到的阻碍程度成正比。法之所以追求秩序，是因为人类常常没有秩序；法之所以追求自由，是因为人们还没有完全自由；法之所以追求平等，是因为人类尚未完全平等。之所以人类未能得到梦寐以求的价值，就是因为存在着阻碍这些价值实现的因素，而要消除这些阻碍因素，需要具备以下几个方面的条件。

一、法律制度的完好设置

　　在设立一项国际经济法律制度过程中，立法专家及其所代表的各国之间的许多争议。其实都是价值争议。立法的过程就是各方利益相互妥协的过程，是各方利益最大化的过程，同时也是各种价值需求、价值观念相互冲突协调的过程。如果立法过程进行得特别成功，并达到了最高念相互冲突协调的过程。如果立法过程进行得特别成功，并达到了最高境界，国际经济法的价值就会表现的异常统一。

二、法律制度的彻底实施

在执法与守法的过程中，由于保障机制的软弱性，使得国际经济法价值的实现主要依靠人们所自愿与各国政府的努力。与国内法的实施不同，对国际经济法的遵守往往需要各国政府制定专门的规则从而使其在国内得以实施。

三、对国际经济法价值的普遍认同

正如一国强化其国民的法律意识一样，在国际社会中增强人们对国际经济法价值的认同感是其价值实现的最根本途径。尽管人们有着不同的经济条件、文化背景、生活环境，但随着经济的发和文化的交流，人们会发现有越来越多的共同的利益与共同追求，随着这一进程，国际经济法的价值终究会得到实现。

第二节　国际经济法价值实现的矫正机制

经济法的运行是现实的，受到多重因素的影响，不能保证与经济法的价值目标始终在同一轨道上。当法的运行与它的价值发生偏离时，需要对法的运行进行调节，矫正运行中偏离的部分或不足的部分。矫正机制是对法的运行结果或可能出现的结果进行调整，使法的运行与法的价值方向保持一致。如果说价值实现的制度保障、主体保障和技术保障更多的是对价值实现的过程的作用，属于事前调整，那么矫正机制则是对法的价值实现结果或可能的结果进行调整，属于事后调整。当然，矫正机制并不只在结果领域作用，在法的运行过程中如果出现了可能导致价值偏离的情况，矫正机制可以进行预防性的调整。同时，矫正机制不是孤立存在、发挥作用的，它的运用同样需要主体观念和行为的保障，需要法律制度和各种技术的支持。

一、国际经济法价值实现的反馈机制

"反馈"本是系统科学的一个概念，是指系统的输出结果再返回到系统中去，并和输入一起调节和控制系统的再输出的过程。如果前一行为结果加强了后来行为，称为"正反馈"，如果前一行为结果削弱了后来行为，称为"负反馈"。反馈在输入输出间建立起动态的双向联系。反馈方法是以原因和结果的相互作用来进行整体把握的方法，它成立的客观依据在于原因和结果的相互作用。不仅原因引起结果，结果也反作用于原因。在法的运行中，反馈机制应当是在法的运行过程与结果间进行作用，将运行结果反馈给法的主体，主体根据反馈情况对法律运行做出适当调整，使运行结果符合主体愿望。

建立健全反馈机制对经济法价值实现有着重要的作用。经济法矫正机制作用的发挥，需要依靠反馈机制提供的反馈信息，经济法价值的实现也需要通过社会的反馈来衡量。从反馈的概念来看，反馈是一种结果对制度或行为的反作用，表达制度或行为实施的效果。经济法的反馈机制从正反两个方面反映经济法实施的效果。正面的反映是指通过经济法的调整，市场秩序井然、效率提高，国民经济稳步增长，社会公平得到保障，即法的实施增进了法的价值；负面的反映是指经济法实施阶段，市场失灵没能得到矫正，市场秩序受到破坏，社会效率和公平难以实现，这说明法的运行阻碍了主体价值需求的满足，需要做出救济和矫正。

经济法不是简单的干预经济，它的客观功用价值包含了政府干预经济和规范政府干预两重内容。与此相适应，经济法的反馈机制也是在两个层面上的双向反馈。首先，是在政府干预经济层面的政府市场双向反馈。政府干预经济的行为在市场中取得了什么样的效果，要由市场的实践来说话。市场通过各种方式将干预结果反馈给政府，可能是正面的，也可能是负面的。对于正面反馈，政府应当总结经验，再接再厉地完成好干预任务；对于负面反馈，政府更要加以重视，分析原因、吸取教训，通过调整法律、政策或干预的方式、方法，对干预的负面结果进行矫正，保证未来干预的有利、有效，这是政府对市场的反馈信息的再反馈。其次，是在规范政府干预层面的市场——政府双向反馈。政府在市场经济中不但依法主动进行经济干预，还要接受市场和社会的依法干预，即政府干预受法律约束。政府根据法律的规定依法行使经济权力，政府行使权力的过程和效果都是对规范政府的法律、法规和具体行为的反馈。法律既要限制政府权力，避免权力扩张和权力滥用，又必须有恰当的规定保证权力能够有效行使，达到一定的效果。如果政府根据法律规定行使权力不能弥补市场缺陷，解决市场失灵的原因是市场权利滥用、法律限制不当等，就有必要依法限制市场权利、调整法律规定，促进经济权力有效干预市场，这是市场、社会和法律对规范政府干预的再反馈。如对非法垄断的限制和赋予政府依法对垄断企业拆分等权力。实际生活中，这两个层面的反馈常常交织在一起，是一个交叉进行不断反馈——再反馈的过程。通过这样的反馈机制作用，经济立法者、执法者、司法者和守法者根据他们获得的反馈信息，调整自己的行为，如立法机关通过法律的立、改、废使经济法的发展与社会和经济现实相一致，满足市场主体对经济法的需求；经济执法者和司法者在经济执法、司法过程中，通过调整执法方法、进行司法解释等使自己的行为符合经济法价值目标；经济法的守法者，如市场经济主体根据不同的反馈信息，调整经济行为，使之与经济法和其他市场法的价值协调起来，实现自己在市场中的利益。

经济法反馈机制应当在法律和政策上获得支持，并且建设有一定的信息反馈技术平台。一方面，应当将反馈制度化，形成一个相对稳定、固定的政府市场反馈机制。例如，政府有关部门定期组织新闻发布会，介绍政府一段时间干预经济的情况和即将进行的干预工作，并征询社会意见。对于关系到市场主体重大利益的政府干预决策，应当迅速发布，依法需要征询意见的，必须得到市场主体的一致意见。价格听证会制度是一个很好的典范。经济组织的代表和政府主管部门定期举行信息反馈会议，互相通气、了解情况，并提出批评和建议。政府对市场经济的热点问题，可以以新闻发言人制度为平台，建立完善经济干预、市场规制与社会现实的沟通渠道。政府还应当对反馈信息及时分析、处理和应对，建立市场反馈的备案制度和定期通报制度，向社会公布政府对市场干预经济的反馈的落实和改进结果，以及对规范政府干预的反馈意见。另一方面，是保证反馈渠道流畅、反馈及时。反馈的方式可以多种多样，以方便市场主体反馈为原则，建立高效、顺畅的反馈渠道。这主要是在物质技术上保障反馈机制的有效运行。现在，政府与市场、社会的交流渠道主要有平面媒体、广播、电视、电话、网络等。12315是广为消费者熟悉的消费者权益保护热线，很好地发挥了电信媒介对经济法反馈机制的作用。在网络高度发达的今天，运用好政府门户网站和其他门户网站，是加强政府与市场联系的重要手段。政府可以在门户网站上发布干预经济的信息，广泛征询社会意见，与市场主体直接交流。

二、国际经济法价值实现的奖励机制和责任机制

经济法价值实现的奖励机制是指对与经济法价值一致的行为进行物质或精神奖励的机制。奖励机制从正反两个方面增进经济法的价值，正面增进是通过对与经济法价值一致的行为进行奖励完成的，反面增进是通过对背离经济法的价值行为的举报、揭发等行为予以奖励完成的。前者如税法对采用高新科技的企业给予的税收优惠，后者如工商行政管理部门对举报假冒商品的

消费者给予的奖励。

虽然经济法的目标价值符合市场主体的价值需求，与他们的最终利益是一致的。但是，由于个体能力的差异和主观、客观因素的制约，主体在市场中的经济活动，并不一定总能达到价值实现的结果，可能出现背离与不足。这种现象可能是市场主体故意或过失，也可能是客观情况所致。经济法价值实现的奖励机制在这里起到了引导和激励主体增进价值作为的功能。通过法律对符合价值取向的行为的正面评价和奖励，使主体认识到法律鼓励和禁止的行为有哪些，引导主体做出积极行为迎合价值目标，对背离价值的行为加以摒弃。经济法价值实现的奖励机制应当在法律中予以明确，获得可实际操作性：首先是将奖励机制制度化、标准化。奖励机制制度化要求用法律确定奖励制度，奖励应当符合法律的要求，法律规定应当奖励的必须奖励。奖励标准化主要是指是否该奖励、应当如何奖励，即奖励的条件、形式和程度等要有明确的规定，可以在相关法律中规定，也可以由政府主管部门根据市场实际要求制定。然后是奖励程序的规范化问题，也就是奖励的程序同样是由法律、法规规定的，奖励的排除任意性可能导致的负面影响。如奖励的主体问题、奖励机关、奖励程序、奖励方式等等。在经济法价值实现的奖励机制中，还需要坚持奖励方式的双重性，除了物质奖励以外，精神奖励同样是十分重要的奖励方式，如进行通报表扬、评为先进个人等。主体行为不但有物质性，满足物质需求，还有强烈的主观性，要求精神需求的满足。奖励机制中的精神奖励方式，有利于实现主体在社会群体中的精神满足感，激励主体的增进价值作为。

经济法律责任是违反经济法律规定、违背经济法价值追求的行为人依法承担的不利后果。经济法的法律责任机制在法的责任体系内是一个特殊的部分，从主体来看，经济法干预主体和干预受体在不同层面上承担责任。干预主体的责任依据除了法定义务外，还有法定权力的行使不当。对其追究责任的功能，主要是为了赔偿或补偿经济主体的经济损失，惩罚性体现得并不明显，干预受体的责任依据是违法了法律规定义务或约定义务，追究其法律责任的功能，惩罚性更突出，兼具对受害人的赔偿和补偿。从法律责任的构成看，经济法的法律责任可能由本法责任和他法责任构成。本法责任是指经济法主体违反经济法的有关规定所应承担的责任，他法责任是指经济法主体在违反经济法的有关规定的同时，也违反了其他法律的相关规定，从而应当承担其他法律规定的责任。需要特别注意的是，我国现行的各经济法单行法中，并没有独立意义的经济法律责任，经济法的责任是由民事责任、行政责任、刑事责任共同构成的。经济法产生的时间、原因和任务使它与民法、行政法、刑法等传统法律有着密切的联系，法律责任上的相互关联是可以理解的，但是将经济法责任人为割裂也给经济法责任机制的运行带来了一些难题。从经济法责任的性质看，经济法责任机制运行的目标是维护社会利益，具有社会本位性。经济法中对于法律责任的设定，在许多方面都是基于社会公共利益的考虑。从全社会的角度来规定违法者的法律责任，是经济法不同于其他法律部门的一个重要特点。

经济法价值实现的责任机制从反面禁止经济法违法行为，通过对背离经济法价值方向的行为的处罚，引导主体行为向着增进价值实现的方向努力。现行的经济法法律责任分别适用民事责任、行政责任、刑事责任的规定，承担方式包括赔偿损失、停止侵害、赔礼道歉、恢复原状，以及吊销营业证照、罚款和处以刑罚等。随着市场经济的不断发展和社会进步，经济法的责任机制中出现了一些传统法律责任未能涵盖的内容，如对政府宏观调控的追责问题、侵害公益的责任问题。经济法是社会本位法，它的目标价值是社会整体效率和实质公平。与民法、行政法相比，它的关注焦点在社会利益，怎样承担侵害社会整体利益的法律责任是经济法责任机制必须思考的问题。与之相适应的，是经济法诉讼问题和法律救济问题。干预主体干预经济的具体活动违法，可以使干预主体承担相应的行政责任或刑事责任。但是，如果干预决策违法或干预主体的抽象行为违法，应当怎样追求责任呢？从受害人一方考虑，如果主体行为没有直接侵害对象或实际侵害结果，又应当怎样追究责任，这都是经济法的责任机制和法律救济机制应当解决的问题。

具体来看，经济法干预主体的经济法责任主要是行政责任和刑事责任。干预主体承担行政责任的原因是经济违法行政，包括事实错误、法律错误、行政越权、程序违法和行政失职等。责任的承担以弥补损失和惩罚违法为目的，采取恢复名誉、消除影响、履行职务、撤销违法、行政赔偿和行政处分等形式。经济法干预主体的刑事责任主要涉及国家机关干预经济的责任人或有关人员，在干预经济过程中触犯刑法而应承担的责任。

干预受体的经济法责任包括民事责任、行政责任和刑事责任。干预受体的民事责任包括违约责任和侵权责任，尤其以侵权责任为重。所侵害的权利不仅是受害主体人身和财产权利，还有社会利益的损害和经济秩序的破坏，进而影响到整个社会经济发展的协调和稳定。因此，经济法上的侵权责任人，尤其是市场规制中的侵权责任人，往往需要承担严格责任。如产品质量法规定的生产者的产品责任。根据严格责任的归责要求，只要能证明产品存在缺陷、发生了人身伤害或产品以外的其他财产损失，以及损害与缺陷之间有因果关系，就可以确认生产者产品责任，而不需要证明主观过错。这种规定有利于受害人起诉和得到赔偿，同时加重生产者对社会的责任。干预受体一般是作为行政相对人承担行政责任的，在违反国家宏观调控和市场规制时，依法接受行政处罚。如经营者不依法纳税，需承担缴纳罚款的责任。干预受体的刑事责任是对危害经济的犯罪进行的处罚。危害经济的犯罪同样是对个体和社会的双重侵害，因为犯罪行为往往导致重大经济损失，刑事责任中财产刑的运用较为广泛，还常常伴随附带民事责任。同时，干预受体的刑事责任主体除了个人以外，法人占有重要的比例。现实中，违反经济法律规范构成犯罪的行为大多在生产和经营过程中产生，法人的工作人员的职务行为应视为法人行为。

经济法价值实现的奖励机制和责任机制从正反两个方面对干预经济和规范干预的行为进行矫正，弥补价值实现中的不足，矫正价值背离，共同保障经济法价值的实现。

三、国际经济法价值实现的监督机制

在中国古代汉语中，监督的意思是"监，临下也；督，察也"，是一种外部力量自上而下的监察督促。法的监督，从广义上看包括国家和社会对法的实施的监督，从狭义上看仅指法律监督机关（检察机关）依法对法的实施进行监督。法的价值实现不仅需要检察机关的专门监督，更需要国家和社会的共同监督。在市场经济中，政府干预经济的权力需要监督，"经济人"的逐利性使经济人的行为容易跨越合法权利的界限，损害他人或社会和国家的利益，也需要进行监督。经济法的价值实现离不开对经济法机制运行的监督，完善的法治化的监督体系，有利于政府依法干预经济和接受法律约束，有利于经济人在市场中合法、有效的经济活动，获得个体效率和社会效率，实现公平。经济法的监督对象是政府和市场主体，政府行使经济权力干预经济的行为和市场主体行使权利谋求经济利益的行为是监督的客体，而监督的主体从广义上看包括了国家、社会和公民个人。根据监督主体拥有的监督权力（利），可以对监督进行两种性质的理解，即国家机关的权力监督和社会、公民个人的权利监督。

经济法中的国象机关的权力监督，是指依法拥有监督权力的国家机关，包括国家权力机关、行政机关和司法机关，以国家名义行使的由国家强制力为保障的监督，是经济法监督的核心部分。国家权力机关的监督是指各级人民代表大会及其常务委员会为全面保证经济法的有效实施，通过法定程序的监督。行政机关的监督，是指由国家行政机关所进行的法律监督。它既包括国家行政系统内部上下级之间以及行政系统内部设立的专门机关的法律监督，也包括行政机关在行使行政权时对行政相对人的监督。检察机关和审判机关依法行使监督权共同构成司法机关的监督。国家机关的权力监督根据监督主体的不同，分为不同性质的监督，依法采取不同的方式进行。各级人民代表大会及其常务委员会作为国家权力机关和立法机关，有权进行立法监督、行政监督和司法监督等。如通过听取报告、文件审查、执法检查、质询等方式对经济法立法活动加以监督，维护经济法的协调、统一，监督各级政府干预经济行为的合法性，以及对各级司法机关适用法律解决经济法律纠纷进行监督等。行政机关的监督包括上下级之间的监督，以及对行政相对人的监督。如上级行政机关通过行政复议的方式对下级行政机关的行政行为进行监督，工商行政管理部门通过对市场的管理监督市场主体行为等。

经济法中国家机关的监督一方面是对政府干预经济进行监督，另一方面是对市场主体的经济行为进行监督。如医药监督管理局对医药市场的监督管理、医药监督管理局上下级之间的监督以及国家有权机关对医药监督管理局的监督。国家机关的监督由于国家机关拥有国家依法授予的权力，属于一种强制性监督，对监督对象具有强制力◇因此，作为经济法价值实现的矫正机制的一部分，国家机关的权力监督有着重要的意义。国家机关的权力监督可以对违反经济法律规定、背离经济法价值的行为依法进行处罚、责令改正，使政府或市场主体行为回归到经济法价值要求的轨道。也正是因为国家机关监督的强制力，特别要注意国家机关监督的法定性，在相关法律中明确权力监督的主体、客体、内容和程序，严格依法监督，既要保证监督有实效，又要保证社会和公民的合法权利不受非法侵害。

经济法中的社会、公民个人的权利监督是以权利来监督政府的经济权力和市场主体的权利。监督的内容包括经济法实施过程中，国家立法机关行使国家立法权和其他职权的行为，国家司法机关行使司法权的行为，国家行政机关行使国家行政权的行为，各社会团体、社会组织参与社会生活的行为，以及普通公民的法律活动。社会主义国家的权力来自人民，权力运行的宗旨是维护人民的根本利益。人民有权通过一定的途径对权力的运行进行适当的制约，这是权利制约权力的基础，也是公民监督权的来源。权利监督在法律上虽然没有强制性，但它却具有更为深刻的社会意义，尤其是以权利监督国家经济权力，更体现了经济民主和法治经济的要求，具有一些公权力无法实现的优势。首先，权利监督范围更为广泛。权利的广泛存在使其能深入到社会生活的更细致层面，更广泛地监督权力的行使。其次，权利监督内容更为全面。法律没有限制权利监督的具体内容。因此，权利监督比权力监督涉及更全面的内容，如除了行为合法性外，还可能涉及合理性问题。再次，权利监督主体更为广泛。只要是依法享有权利的公民个人、社会团体，都有权对政府行使权力进行监督。这就更容易调动公民的积极性，提高公民经济法律意识，加强权利监督的效果。经济法的许多单行法规中都明确规定了社会和公民个人的监督权利。权利监督的内容包括政府干预经济行为和市场主体的经济行为，可以采取的方式也是多种多样的，如批评、建议、检举、控告、起诉等。

经济法价值实现的监督机制，是国家机关的权力监督和社会、公民个人的权利监督共同作用的机制，两者从不同的层面保护着经济法的实施，保障了经济法价值能够成为现实。

四、国际经济法价值实现的救济机制

"有权利必有救济，没有救济的权利不是真正的权利。"同样，在经济法的价值实现中，有背离就要有矫正，有损失就要有补偿，而矫正、补偿都需要通过一定的救济机制来完成。经济法价值实现的救济机制与其他法律相比，带有鲜明的经济性和补偿性特点。经济法救济的经济性主要是指对经济违法行为，除了课以一般的法律责任外，经济责任是主要责任形式。在经济违法中，受损失的是市场中干预经济或经济交易的主体的经济利益，前者主要是社会利益受损害，后者主要是个人利益损失。由于市场本是逐利的场所，市场主体行为的根本目的是获取经济利益，政府干预市场的直接目的也是恢复社会利益，经济性自然成为经济法救济机制的重要性质。与此相适应，市场主体获得救济的目标就是能恢复被侵害的经济利益，在这一点上补偿比惩罚更能满足受害主体的需求。中国保监会发布实施的《保险保障基金管理办法》中的保险保障基金制度，是典型的经济法中宏观调控法的救济制度。该办法规定了保险保障基金的救济模式，保险公司缴纳形成保险保障基金。当保险公司被撤销或被宣告破产，其清算财产不足以偿付保单责任的，保险保障基金按照比例补偿限额与绝对数补偿限额相结合的方式对保单持有人或保单受让公司进行救济。

经济法的功用价值由政府干预经济和规范政府干预组成，因此经济法的救济也应当包括对干预主体的救济和对市场主体的救济。前者针对政府干预时干预受体对干预的破坏和政府工作人员对干预的破坏，通过对责任人课以行政责任或刑事责任来救济。后者包括对政府干预经济的规范和市场主体经济交易的规范，当政府干预行为违法或市场主体经济交易违法时，通过对责任人课以民事责任、行政责任或刑事责任来救济。由于政府在市场中占据主导地位，干预经济的权力是有法律强制力的，因此对干预主体的救济在实践中比较容易实现，而对市场主体权利的救济则成为经济法价值实现过程中必须解决的关键问题。

对市场主体权利的救济在性质上可以分为社会救济、行政救济和司法救济。社会救济主要涉及社会组织对主体权利的救济，如消费者协会有权就消费者合法权益的问题，向有关行政部门反映、查询；依法受理消费者的投诉，并对投诉事项进行调查、调解；就损害消费者合法权益的行为，支持受损害的消费者提起诉讼等。行政救济主要是指公民、法人或其他组织的因违法行政行为侵害其合法利益可以采取的法律救济，主要方式有申请行政复议、提起行政诉讼、请求行政赔偿等。司法救济是法治经济中最重要的救济途径，也是最终救济途径。市场主体可以直接采取司法救济方式，也可以在其他救济方式不足以解决问题时依法寻求司法救济。司法救济是经济法价值实现的救济机制的核心内容，也是经济法律救济中的难点。

经济法司法救济中存在的疑难问题主要在于权利、义务与救济的不对等和司法救济程序的分离。权利、义务与救济的不对等在宏观调控法中尤其明显，表现在经济法的可诉性问题上。"可诉"是指当干预经济的行为或经济交易行为违法时，受害人或有诉权的人能够向司法机关提起诉讼。一般来说，对市场规制行为的诉讼权利义务明确，法律规定较清楚，可以通过民事诉讼程序或行政诉讼程序救济。但是，宏观调控法中对干预主体的违法行为的诉讼就存在一定难度。主要原因在于法律对干预主体的责任和责任追究方式规定不明确，或者干脆没有规定，使诉讼缺乏法律依据。另一方面，由于政治、历史、法律等诸多原因，我国的宏观调控法尚不完备，有不少是以政策、行政规章形式出现，缺乏基本法的效力。解决经济法的可诉问题，首先是实体法上的问题，尤其应对相关主体的权利、义务与职权、职责等做出明确规定，同时，还要对其违反相关职责或义务的法律责任做出规定，以使这些责任可以由相关的法定机构依法追究。

司法救济程序分离的问题更多出现在市场规制法中，市场规制法常常涉及平等主体间的经济交易行为和非平等主体间的经济规制行为，在司法程序上分属民事诉讼程序和行政诉讼程序，因此会出现一个案件由不同审判庭管辖的现象。如前文中提到的济南蟠龙山风景区不正当竞争案。这类竞争案件包括反垄断案件纵横法律关系交错，对市场的影响力大，损害的利益除了竞争对手以外，更重要的是市场正常秩序和社会整体利益。有些国家专门设立了竞争诉讼，保证市场竞争秩序，给予受害人合理、及时的救济。如美国州司法部长与个人的双重竞争诉讼控诉模式，州司法部长与个人均有权对垄断提起诉讼。借鉴国外的竞争诉讼模式，在我国建立专门的竞争诉讼程序来解决市场规制中司法程序分离的问题，应该是加强经济法的救济性的有效途径。

　　经济法运行中，社会利益始终处于核心地位，社会利益的载体可能涉及社会中的所有自然人和法人。因此，违反经济法的行为的受害人包括直接相对人和间接相对人，如因产品缺陷受到财产或人身伤害的第三人；有实际受害人还可能有潜在受害人，如尚未造成实际损害结果的不正当竞争的受害人。与此相对应，违反经济法的行为的加害人，也存在潜在性，如尚在形成中的垄断。许多国家都立法禁止或严格控制有可能的垄断。同时，经济法的主体还存在势力不对等、信息不对称等实际不平等问题，如何保护弱势群体，保护社会利益是经济法司法救济必须解决的问题。经济法司法救济中，应当扩大诉讼主体的范围，不仅受害人有权起诉，而且其他无直接利害关系的组织和个人也享有起诉权，这属于公益性诉讼的内容。被告也不仅限于实际加害人，应考虑到潜在加害的可能，最典型的就是反垄断法对企业合并行为的规制。另外还要注意在信息不对称的主体之间举证责任的分担，以更方便受害人获得救济为原则分配举证责任。

第八章　旅游者权益保护法律制度

　　旅游者是旅游活动的主体，旅游者的合法权益如果得不到保障，不仅会影响旅游者出游的积极性，而且会制约我国旅游业的持续健康发展。如何最大限度地保护旅游者的合法权益，一直是我国关注的问题。《旅游法》在总则中有关于旅游者权益的原则规定，并专设"旅游者"一章规定旅游者的权利和义务，这在中外旅游立法中都属首次，体现出我国政府以人为本，着重和优先保护旅游者合法权益的基本原则与立法精神。《旅游法》将旅游者定性为消费者，但关于旅游者权利义务的规定并非简单重复或重申《消费者权益保护法》的相关规定，而是依据宪法，结合旅游行业的特点和要求，明确旅游者的权利和义务。

　　当然，旅游者作为消费者的一种类型，通过购买旅游产品、接受服务从而满足其旅游需求，他们的活动实际上是人类的一种高级消费活动。因此，对于旅游者在旅游活动中合法权益的维护，一般的消费者权益保护法律法规也是适用的。

第一节　概述

一、旅游者权益概述

　　我国已颁布的《旅游法》中并未对"旅游者"进行概念上的明确界定，学术界和业界对什么是旅游者有比较大的争议，但一般认为，旅游者是指离开常住地到异地进行旅游消费的人。那么，旅游者的合法权益应界定为离开常住地到异地进行旅游消费的人享有并依照我国法律法规能够实现的权利及获取的利益。旅游者作为消费者的一种类型，具有消费者权益的共同特性，也具有自身的特殊性。

　　旅游者权益与一般的消费者权益相比具有如下法律特征。

（一）时限性

旅游者只有在旅游期间才能是旅游法律关系的主体，在非旅游期间就不能称为旅游者。旅游者的合法权益伴随着旅游法律关系的产生而产生，伴随着旅游法律关系的消灭而消灭，旅游法律关系的消灭必然导致旅游者合法权益的终止，这是旅游者的合法权益区别于一般消费者的合法权益的本质特征。

（二）双重性

旅游者是消费者群体的一部分，因此旅游者的合法权益既具有一般消费者的合法权益的特征，又具有其本身的特殊性。一般消费者的权益仅涉及物质权益或精神权益，而根据有关法律法规的规定，旅游者的合法权益通常包含精神权益和物质权益两方面的内容，具有双重性。在通常情况下，旅游者的精神权益比物质权益显得更为重要，同时精神权益也比物质权益更容易受到侵害。

（三）保护多样性

旅游者的合法权益具有双重性，决定了其保护方法的多样性。无论是国家立法，还是制定旅游行业服务标准都必须既考虑旅游者的精神权益，又考虑旅游者的物质权益。只有对两项合法权益进行综合保护，才能从根本上保护旅游者的合法权益。

旅游者的合法权益的保护方法多种多样，包括从立法、司法到行业保护等。

（四）与旅游经营者责任的关联性

一般情况下，旅游者外出旅游，都要通过旅行社等旅游经营者进行，旅游者与旅游经营者实际存在着合同关系，旅游者享受旅游经营者提供的服务，旅游经营者承担保护旅游者的合法权益的义务，因此旅游者的权益与旅游经营者的义务是相互关联的。

（五）复杂性

一方面，侵害旅游者权益的主体具有复杂性，"食、住、行、游、购、娱"旅游六大要素的相关企业在旅游者进行旅游活动中都可能发生损害旅游者权益的行为；另一方面，旅游者权益的构成具有复杂性，根据《旅游法》《消费者权益保护法》等法律的规定，旅游者应享有安全保障权、知情权、自主选择权、公平交易权、求偿权、获取尊重等多项权利；而且，维护旅游者合法权益的适用法律、法规具有复杂性，既包括《消费者权益保护法》《产品质量法》《反不正当竞争法》《民法通则》《合同法》等通用法律，也包括《旅游法》《旅行社条例》《旅行社条例实施细则》《导游人员管理条例》《旅游投诉处理办法》等旅游方面的法律、法规、规章，甚至还包括一些地方性旅游法规。

二、《旅游法》关于旅游者权益的原则规定和适用范围

（一）《旅游法》关于旅游者权益的原则规定

《旅游法》的第一条规定了旅游法的立法宗旨，即"为保障旅游者和旅游经营者的合法权益，规范旅游市场秩序，保护和合理利用旅游资源，促进旅游业持续健康发展，制定本法。"

此条规定表明，旅游法以保障旅游者合法权益为主线，突出保障旅游者和旅游经营者的合法权益，坚持以人为本，平衡旅游者与旅游经营者和旅游从业人员之间的权利、义务和责任，强化政府监管，规范旅游市场秩序，保护和合理利用旅游资源，促进旅游业持续健康发展。

（二）《旅游法》的适用范围

《旅游法》第二条规定了其适用范围：在中华人民共和国境内的和在中华人民共和国境内组织到境外的游览、度假、休闲等形式的旅游活动以及为旅游活动提供相关服务的经营活动，适用本法。

可见，我国《旅游法》规范和调整的对象，从活动类型上说，主要包括两类活动：一是旅游者的游览、度假、休闲等形式的旅游活动；二是为这些旅游活动提供相关服务的旅游经营者的经营活动。从空间范围上说，这些活动既包括在中华人民共和国境内组织的旅游活动和为这些旅游活动提供相关服务的经营活动，也包括在中华人民共和国境内组织到境外的旅游活动和为这些旅游活动提供相关服务的经营活动。旅游者的权益与旅游者的旅游活动和旅游经营者的经营活动密切相关。

三、《消费者权益保护法》的立法宗旨和基本原则

（一）消费者与消费者权益

1.消费者

消费者在现代社会中是一个使用十分频繁的词语，含义较为宽泛，一般有狭义和广义两种解释。狭义上是指以个人消费为目的而购买或使用商品和服务的个体社会成员。而广义上的消费者，从消费内容上看，它既包括生活

消费又包括工业生产消费；从消费主体上看，它既包括个体、公众又包括社团、法人。一般来说作为权利主体的法律意义上的消费者指狭义上的消费者。大多数国家法律所使用的"消费者"，甚至国际上消费者权益法中对消费者的解释均是取狭义。我国《消费者权益保护法》并未对"消费者"作出明确具体的定义，但其第二条规定："消费者为生活消费需要购买、使用商品或接受服务，其权益受本法保护。"因此，该法所称的消费者应是指为生活消费需要购买、使用商品或接受服务的个人和单位，是从事生活消费的主体。

2. 消费者权益

在现代市场经济中，消费者权益不仅是一种公共约定和公认的规范，还得到了国家法律的确认和保护。消费者权益是指消费者在有偿获得商品或接受服务时，以及在以后的一定时期内依法享有的权益。其法律特征为：

（1）消费者权益是消费者所享有的权益

也就是说，消费者的权利是与消费者的身份联系在一起的，只有在以消费者的身份购买、使用商品或接受服务时才能享有这些权利。

（2）消费者的权益通常是法定权利

它是由《消费者权益保护法》等法律法规明确规定，具有强制性，任何人不能剥夺，经营者侵害消费者权益要承担法律责任。

（3）消费者的权益是法律基于消费者的弱者地位而特别赋予的权利。

（二）消费者权益保护法的概念和立法宗旨

消费者权益保护法是调整国家机关、经营者、消费者相互之间保护消费者利益而产生的社会关系的法律规范的总称。可见，消费者权益保护法的调整对象有：一是国家机关与经营者之间的监督管理关系，二是国家机关与消费者之间的指导与被指导、保护与被保护的关系，三是经营者与消费者之间的商品交换关系。

消费者权益保护已成为世界性的潮流，各国都十分重视对消费者权益的立法保护。我国消费者权益保护法从广义上说，应是以《消费者权益保护法》为主体，以各相关的法律、法规相配套的综合法律体系。我们通常所说的消费者权益保护法，是狭义上的提法，具体是指 1993 年 10 月 31 日由第八届全国人大常委会第四次会议通过并于 1994 年 1 月 1 日起施行的《消费者权益保护法》。这是我国第一部以保护消费者权益为核心，对消费领域的经济关系进行全面有效调整的法律文件。该法于 2009 年 8 月 27 日十一届全国人民代表大会常务委员会第十次会议第一次修正，2013 年 10 月 25 日十二届全国人民代表大会常务委员会第五次会议第二次修正，最新修订的《消费者权益保护法》自2014年3月15日起施行。我国《消费者权益保护法》第一条明确规定了其立法宗旨："为保护消费者的合法权益，维护社会经济秩序，促进社会主义市场经济健康发展，制定本法。"

（三）消费者权益保护法的基本原则

1. 经营者与消费者遵循自愿、平等、公平、诚实信用的原则

经营者与消费者进行交易，应在自觉自愿的基础上进行，公平交易、讲诚实、守信用、遵守商业道德，文明经商、文明消费。不得以任何欺骗、胁迫、强迫手段进行交易，不得强买强卖、恃强凌弱，不得哄抬物价，不弄虚作假，以善意的方式履行各自的义务。

2. 国家特别保护消费者合法权益原则

对消费者合法权益国家要特别保护，这是由于在消费中消费者客观上处于弱者地位，消费者是分散的无组织的个人，而经营者大多是有组织的法人，具体的消费者还会受到专业知识、时间、财力、精力等限制，易受到经营者不法行为的侵害。因此，国家当然有责任对消费者给予特别的保护，具体体现在：

（1）国家制定保护消费者权益的政策、法律、法规，明确消费者需要加以保护的特殊地位。

（2）国家采取措施，切实保障消费者依法行使权利，如帮助、指导和教育消费者提高自我保护意识，加强对经营者的监督管理，当消费者受侵害时，提供必要的法律帮助。

3. 全社会保护消费者合法权益原则

保护消费者权益是全社会的共同责任，仅有国家给予特别保护是不够的。社会各界都有相应的责任和义务来保护消费者的权益，只有动员广泛的社会力量，消费者权益保护法律制度才能真正落实。首先，国家鼓励、支持一切组织和个人对损害消费者合法权益的行为进行社会监督。其次，大众传播媒介应当做好维护消费者合法权益的宣传，对损害消费者合法权益的行为进行舆论监督。只有全社会动员起来，相互配合，才能形成保护消费者利益的网络体系。

第二节　旅游者的权利和义务

我国《旅游法》第二章专门规定了旅游者的权利和义务，凸显了《旅游法》以人为本、保护旅游者合法权益的根本宗旨。旅游者的基本权利主要包括对产品和服务的自主选择权、公平交易权，对购买的旅游产品和服务的知

情权以及请求救护和保护的权利，此外，对于残疾人、老年人、未成年人这些特殊人群的保护和提供便利也作了专门规定。权利和义务是相辅相成的，旅游者在享有法律赋予的权利的同时，也应承担相应的义务，《旅游法》从文明旅游、不得损害他人合法权益、告知及配合、不得非法滞留和擅自脱团分团等方面来约束旅游者的行为。

一、旅游者的权利

（一）自主选择权、公平交易权、知情权

《旅游法》第九条第一款、第二款规定，旅游者有权自主选择旅游产品和服务，有权拒绝旅游经营者的强制交易行为；旅游者有权知悉其购买的旅游产品和服务的真实情况。

《旅游法》之所以规定旅游者的自主选择权、公平交易权和知情权，一方面是因为《消费者权益保护法》确认了消费者的自主选择权、公平交易权和知情权，旅游者作为典型的消费者，也应当享有作为消费者的这些基本权利；另一方面是因为旅游消费的特点决定了旅游者的自主选择权、公平交易权和知情权很容易被侵犯，如旅游经营者的强买强卖、"甩团"、发布虚假信息等行为时有发生，因此必须要对旅游者的这些权利加以特别保护。

（二）要求旅游经营者依约履行权

《旅游法》第九条第三款规定，旅游者有权要求旅游经营者按照约定提供产品和服务。旅游合同是联系旅游经营者和旅游者的纽带，旅游合同是典型的消费合同。

旅游者既是《合同法》保护的合同当事人，也是《消费者权益保护法》保护的消费者，无论是依据《合同法》还是《消费者权益保护法》，旅游者都享有要求旅游经营者依约履行的权利。《旅游法》的这项规定，是对《合同法》和《消费者权益保护法》规定的重申和明确。

在旅游实践中，旅游者的这项权利是指，旅游者有权要求与其订立旅游合同的旅游经营者严格按照旅游合同约定的内容、标准、方式和期限等提供旅游产品和服务，全面履行合同义务。

（三）受尊重权

《旅游法》第十条规定，旅游者的人格尊严、民族风俗习惯和宗教信仰应当得到尊重。

旅游者的人格尊严、民族风俗习惯和宗教信仰受尊重权，是指旅游者在从旅游经营者处购买、使用旅游服务产品和享受服务时，其人格尊严、民族风俗习惯和宗教信仰应当得到旅游经营者及其工作人员的尊重和保护。在旅游活动中，旅游经营者不得侮辱、诽谤旅游者，不得侵害旅游者的人身自由权，同时不得歧视旅游者的民族感情、民族尊严和民族意识，不得歧视信仰宗教的旅游者和不信仰宗教的旅游者。

（四）特殊旅游者优惠权

特殊旅游者是指因身体残疾、年龄、职业等原因而受到法律特殊保护和特殊对待的旅游者，主要包括残疾人、老年人、未成年人、军人、学生等。《旅游法》第十一条规定，残疾人、老年人、未成年人等旅游者在旅游活动中依照法律、法规和有关规定享受便利和优惠。

此条规定使得残疾人、老年人、未成年人等特殊的旅游者不会因为他们的经济条件、身体条件、年龄等方面的原因而被迫放弃参加旅游活动，他们可以根据相关法律的规定，通过国家、社会和旅游经营者为他们提供的各种便利和优惠，能够和其他旅游者一样方便而充分地享用旅游资源和旅游经营者提供的旅游服务。比如根据相关法律规定，博物馆、美术馆、科技馆、纪念馆、公园、旅游景点等场所，应当对老年人免费或者优惠开放。

（五）旅游救助和求偿权

《旅游法》第十二条规定，旅游者在人身、财产安全遇有危险时，有请求救助和保护的权利；旅游者人身、财产受到侵害的，有依法获得赔偿的权利。

在旅游过程中，旅游者人身和财产可能会遇到自然灾害等突发事件、动乱等政治事件、偷窃等刑事案件而带来的危险，以及因自己的疏忽大意等原因陷于困境，根据上述规定，旅游者有权要求国家、社会和旅游经营者提供及时、有效、合理的救助和保护。而当旅游者在旅游过程中因购买、使用商品或者接受服务受到人身、财产损害时，享有依照法律规定或者合同约定获得赔偿的权利。比如旅游者在旅游过程中被以暴力相威胁、受到诽谤污蔑、财产被损害等，都可以请求加害方予以赔偿。

二、旅游者的义务

（一）文明旅游的义务

《旅游法》第十三条规定，旅游者在旅游活动中应当遵守社会公共秩序和

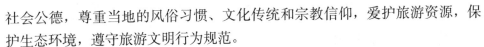

社会公德，尊重当地的风俗习惯、文化传统和宗教信仰，爱护旅游资源，保护生态环境，遵守旅游文明行为规范。

在旅游实践中，一些游客的不文明行为时有发生，在社会上造成了不良影响，应当加以规范和引导，本条规定意在规范和引导旅游者健康旅游、文明旅游。

（二）不得损害他人合法权益的义务

《旅游法》第十四条规定，旅游者在旅游活动中或者在解决纠纷时，不得损害当地居民的合法权益，不得干扰他人的旅游活动，不得损害旅游经营者和旅游从业人员的合法权益。

旅游者是受宪法保护的公民，也是受民法调整的民事主体，理应承担宪法和民法赋予的不得损害他人合法权益的义务。在旅游活动中，旅游者不得损害旅游目的地居民、其他旅游者、旅游经营者和旅游从业人员的合法权益，旅游者污染旅游目的地环境、强行要求其他旅游者改变旅游行程，或者不按照合同约定支付给旅游经营者旅游费用，等等，这些行为都违反了《旅游法》的规定，而《旅游法》这一规定可以有效地防范此类行为的发生。

（三）告知及配合的义务

为了保障旅游者自身安全的需要，为了保障旅游的顺利进行和旅游目的的达成，《旅游法》第十五条规定，旅游者购买、接受旅游服务时，应当向旅游经营者如实告知与旅游活动相关的个人健康信息，遵守旅游活动中的安全警示规定；旅游者对国家应对重大突发事件暂时限制旅游活动的措施以及有关部门、机构或者旅游经营者采取的安全防范和应急处置措施，应当予以配合。并同时规定，旅游者违反安全警示规定，或者对国家应对重大突发事件暂时限制旅游活动的措施、安全防范和应急处置措施不予配合的，依法承担相应责任。

（四）不得非法滞留和擅自脱团、分团的义务

《旅游法》第十六条规定，出境旅游者不得在境外非法滞留，随团出境的旅游者不得擅自分团、脱团；入境旅游者不得在境内非法滞留，随团入境的旅游者不得擅自分团、脱团。

出境旅游者在境外非法滞留是指中国公民到其他国家或港澳台地区旅游，在签证到期后仍在境外滞留不归的情况。出境旅游者擅自脱团、分团是指旅游者参加了组团社的出境旅游团队后，在境外未告知旅游团、未取得该国入境管理部门同意，擅自脱离旅游团队，或单独出入境，不随团完成约定行程

的行为。这些行为是被禁止的，否则会承担相应的法律责任。

同时，其他国家或港澳台地区的居民为了进行旅游活动进入中国境内，在签证到期后仍在我国境内滞留不归，或随团旅游者擅自脱团、分团，都是被禁止的，否则会受到相应的行政处罚并被遣返出境。

三、《旅游法》对旅游者合法权益的保护

在《旅游法》中涉及旅游者的条款有 55 条之多，大部分是将旅游者作为权利主体或保护对象，《旅游法》为旅游者织起多重保护网，具体表现在：第一，从上述五项具体权利上落实对旅游者合法权益的保护。

《旅游法》第二章主要包括旅游者自主选择权、公平交易权、知情权、要求旅游经营者依约履行权、受尊重权、特殊旅游者优惠权、旅游救助和求偿权，看起来是对消费者基本权利的再一次重申，但意义重大。这是我国第一次以法律形式集中对旅游者权利保护的庄严宣示，《旅游法》是旅游者权益保护的一个里程碑。

第二，强调政府作为保护旅游者权益的义务主体，需履行旅游公共服务职能。

长期以来，政府在旅游市场中仅仅扮演市场监管者角色。《旅游法》强调政府作为旅游者权益保护的义务主体，必须为旅游者做些什么，而不能只是命令旅游经营者为旅游者做什么，或者对做得不够进行评判，反映出《旅游法》立法价值观的巨大转变。根据《旅游法》的相关条文，对政府旅游公共服务的具体要求包括：

（1）全面提供旅游公共服务信息的义务；

（2）加强旅游基础设施建设的要求；

（3）公共资源景区的公益性要求；

（4）建立旅游目的地安全风险警示制度、旅游应急管理制度、安全监管制度；

（5）对陷于危险的旅游者的救助和保护的义务。

第三，对旅游经营者及其从业人员设定了较为严格的义务，体现了对旅游者权益更多的保护。

旅游经营者是市场经营主体，向旅游者提供旅游服务，《旅游法》强调旅游经营者必须守法经营，真正实现保障旅游者权益这一立法宗旨。比如，规定旅游经营者负有保障旅游者人身、财产安全以及提供质量保证的义务，旅游经营者应当保证其提供的商品和服务符合保障人身、财产安全的要求；旅游经营者取得相关质量标准等级的，其设施和服务不得低于相应标准；未取

得质量标准等级的，不得使用相关质量等级的称谓和标志。又如，规定旅游经营者对旅游者个人信息保密义务，旅游经营者对其在经营活动中知悉的旅游者个人信息，应当予以保密。

第四，在遵循《消费者权益保护法》《合同法》的一般原则规定基础上，根据旅游活动的特点，规定了一些特殊的、有针对性的旅游者权利。

按照《旅游法》的规定，旅游者的这些权利主要体现在程序上的享有合同变更转让与解除权、监督投诉权等。旅游者在旅游行程开始前，可能会因生病、工作等原因，无法按期参加原定旅游行程，旅游者可以将包价旅游合同中自身的权利义务转让给第三人，旅行社没有正当理由的不得拒绝，因此增加的费用由旅游者和第三人承担。旅游者在旅游行程结束前，无须阐述理由，可以随时解除包价旅游合同的权利；旅游行程结束前，旅游者解除合同的，组团社应当在扣除必要的费用后，将余款退还旅游者。旅游者与旅游经营者发生纠纷，有向消费者协会、旅游投诉受理机构投诉的权利。

第三节　消费者的权利和经营者的义务

旅游者是消费者的一种类型，旅游者合法权益保护体系是以《旅游法》为基础，以《消费者权益保护法》为法律依据来建构的。因此，对《消费者权益保护法》规定的消费者权利要有一个全面了解，同时消费者的权利和经营者的义务是对立统一的，只有实现二者平等和谐的统一，才能建立起良好的市场环境。我国《消费者权益保护法》明确规定了消费者的权利和经营者的义务。

一、消费者的权利

法律对某种权益的保护，是通过一定的权利和义务关系体现出来的。消费者的权利就是法律赋予消费者有权为一定行为或要求他人为一定行为的资格。我国《消费者权益保护法》设专章规定了消费者享有的权利。具体如下：

（一）安全权

安全权是指消费者在购买、使用商品和接受服务时享有人身、财产安全不受损害的权利。这是消费者最重要的权利。该权利要求经营者提供的商品和服务，在各方面都应达到国家安全标准，绝对保证其质量不会损害消费者的人身和财产安全。消费者只要因购买、使用的商品或接受的服务使财产蒙受损失，就有权要求赔偿。如旅游者有权要求旅行社提供符合保障人身、财产安全要求的旅行服务。

（二）知悉真情权

知悉真情权又称知情权、了解权，即消费者享有知悉其购买、使用的商品或接受服务的真实情况的权利。随着现代社会商品和服务种类的增多、层次的提高，普通消费者已很难依靠自己的知识和经验对所选购商品或接受服务的质量、价格等作出客观准确的判断。为了保障消费者能正确购买商品和接受服务，《消费者权益保护法》规定：消费者有权根据商品或者服务的不同情况，要求经营者提供商品的价格、产地、生产者、用途、性能、规格、等级、主要成分、生产日期、有效期限、检验合格证明、使用方法说明书、售后服务或者服务的内容、规格、费用等有关情况。另外，消费者还有权要求经营者明确回答关于商品和服务的质量、数量、价格等问题。如旅游者有权要求旅行社提供行程时间表和赴有关国家（地区）的旅行须知，提供旅行的服务价格、住宿标准、餐饮标准、交通标准等旅游服务标准。

（三）自主选择权

这是消费者所享有的自主选择商品或服务的权利。消费者可以根据自己的需要、经验、喜好，自主选择商品和服务。根据《消费者权益保护法》，消费者的自主选择权包括：

（1）有权自主选择提供商品或者服务的经营者；

（2）有权自主选择商品品种或者服务方式；

（3）有权自主决定购买或者不购买任何一种商品、接受或者不接受任何一项服务；

（4）消费者在自主选择商品或者服务时，有权进行比较、鉴别和挑选。

总之，消费者的自主决定不受任何人的强制。例如，旅游者在旅游活动中被强制带到购物商店购物，就是对消费者自主选择权的侵犯。当然，消费者必须合法行使自主选择权，不得滥用自主选择权，要遵守社会公德，不得侵害国家、集体和经营者的合法权益。

（四）公平交易权

《消费者权益保护法》规定，消费者在购买商品或者接受服务时，有权获得质量保障、价格合理、计量正确等公平交易条件，有权拒绝经营者的强制交易行为。由此可见，消费者的公平交易权包括两个方面的内容：

（1）消费者有权获得质量保障、价格合理、计量正确等公平交易条件。

质量保障要求经营者提供的商品或服务必须符合保障人体健康、人身财产安全的国家标准、行业标准，未制定国家标准、行业标准的，必须符合保障人体健康、人身财产安全的要求。价格合理是指商品或服务的价格与其价值相符或基本相符。同时，经营者提供商品或服务时计量也要准确。

（2）消费者有权拒绝经营者的强制交易行为。强制交易就是违背消费者的真实意愿，违反自愿、公平、诚实信用、等价有偿等市场交易的基本原则提供商品或服务的作为。

（五）获得赔偿权

获得赔偿权又称求偿权，是指消费者因购买、使用商品或接受服务受到人身、财产损害的，享有依法获得赔偿的权利。具体指：

（1）经营者提供的商品或服务不符合国家有关质量标准，不能实现应有的使用价值，或计价、计量不符合法定要求，侵害了消费者权益，消费者有权要求消除或采取补救措施。

（2）消费者因购买、使用商品或接受服务受到人身、财产损害的，有权要求经营者合理赔偿。如在旅游活动过程中，旅行社未经旅游者同意，擅自变更、取消、减少或增加旅游项目，使旅游者的合法权益受到损害的，旅游者有权依法获得赔偿。

这里需要指出的是，求偿权的主体（受害人）既包括商品的购买者、服务的接受者、商品的使用者，也包括在他人购买、使用商品或接受服务时因偶然因素在事故现场而受到人身、财产损害的人。求偿权的范围既包括消费者人身权（生命健康权、人格权等）和财产权损害的赔偿，也包括消费者因人身权受到侵害造成精神痛苦的一定赔偿。消费者只要因购买、使用商品或接受服务而受到人身、财产损害，就可依法求偿，并不需要证明经营者主观上是否存在过错。当然如果是由于受害者自己的过错造成损害，经营者就不承担赔偿责任。

（六）依法结社权

消费者享有依法成立维护自身合法权益的社会团体的权利。

在消费领域，经营者与消费者在法律地位上是平等的，但在实践中，消费者处于弱者地位，权益易遭受损害。赋予消费者结社权，能使消费者从分散、弱小走向集中和强大，并通过集体的力量来改变自己的弱者地位，与实力雄厚的经营者相抗衡。目前，中国消费者协会和地方各级消费者协会就是消费者自己的团体，它们在保护消费者权益方面做了大量而有成效的工作。

（七）知识获取权

消费者享有获得有关消费和消费者权益保护方面的知识的权利。

消费者获取知识权，是取得其他权利（如自主选择权、知悉真情权等）的保障。

主要包括两个方面的权利：

（1）消费者有权获得与商品、服务、消费等密切相关的知识和信息，更好地实现期待的消费目标，增强自我保护能力。

（2）消费者有权获得有关消费者权益保护的法律、法规和政策等方面的知识，能运用法律维护自身的合法权益。

（八）维护尊严权

消费者在购买、使用商品和接受服务时，享有其人格尊严、民族风俗习惯得到尊重的权利，享有个人信息依法得到保护的权利。

人格尊严权包括姓名权、名誉权、荣誉权、肖像权、人身自由权等，这是公民最起码的权利。如旅游者在一旅游商店购物，被疑偷拿物品，遭搜身检查，就是对旅游者人格尊严权的侵犯，旅游者有权得到法律的救助。我国是一个多民族国家，各民族都有自己独特的风俗习惯，经营者和其他消费者应尊重各民族的风俗习惯，这对于处理好民族关系，促进社会的安定团结有重要意义。

近年来，因住宿、网上购物等因素导致个人信息泄露的事件时有发生，对此，修订后的《消费者权益保护法》将个人信息受到保护作为消费者的一种权利确定下来，这是该法修订的一大亮点。

（九）监督批评权

消费者享有对商品和服务以及保护消费者权益工作进行监督的权利。

消费者有权通过多种途径参与社会监督，依法对经营者提供的商品和服务进行监督检查。对经营者的不法侵权行为，有权及时制止，或向国家机关检举和控告。消费者对国家机关及其工作人员在保护消费者权益工作中的违法失职行为，有权检举和控告，有权对保护消费者权益工作提出批评、建议。

二、经营者的义务

经营者是指为消费者提供其生产、销售的商品或者提供服务的公民、法人和其他经济组织。经营者的义务是经营者在经营活动中应履行的责任，即经营者依法必须为一定行为或不为一定行为的责任。经营者的义务与消费者的权利是相对应的,《消费者权益保护法》在赋予消费者权利的同时,也设专章规定了经营者与之相应的义务。

（一）履行有关法律、法规规定的义务和与消费者约定的义务

经营者向消费者提供商品或者服务,应当按照《消费者权益保护法》及《产品质量法》《食品安全法》《广告法》《商标法》等有关法律、法规的规定履行义务。经营者与消费者之间就商品或服务达成协议约定的,应当按照约定履行义务。当然双方的约定不得违反法律、法规的规定。

（二）听取意见和接受监督的义务

经营者应尊重消费者的权益,通过有效途径和方式接受消费者对商品和服务的意见,如设立专门机构、配置专门人员收集、听取消费者的批评和建议,同时把向消费者提供商品或服务的活动置于消费者有效监督之下。这样才有利于经营者在竞争中改进工作,提高产品质量和信誉,从而扩大市场。

（三）保障商品或服务安全的义务

经营者应当保证其提供商品或服务符合保障人身、财产安全的要求,不危害消费者的生命健康和财产安全。对可能危及人身、财产安全的商品和服务,应当向消费者作出真实的说明和明确的警示,并说明和标明正确使用商品或者接受服务的方法以及防止危害发生的方法。宾馆、商场、餐馆、银行、机场、车站、港口、影剧院等经营场所的经营者,应当对消费者尽到安全保障义务。

经营者发现其提供的商品或者服务存在缺陷,有危及人身、财产安全危险的,应当立即向有关行政部门报告和告知消费者,并采取停止销售、警示、召回、无害化处理、销毁、停止生产或者服务等措施。采取召回措施的,经营者应当承担消费者因商品被召回支出的必要费用。

（四）提供商品或服务的真实信息的义务

为保障消费者全面了解情况,经营者应当真实、全面地向消费者提供有关商品或者服务的质量、性能、用途、有效期限等信息,不得作虚假或引人误解的虚假宣传。经营者对消费者就其提供的商品或者服务的质量和使用方法等问题的询问,应当作出真实、明确的答复,以便于消费者认识商品和服务。经营者提供商品或服务应明码标价,切实保障消费者的利益。

特别是采用网络、电视、电话、邮购等方式提供商品或者服务的经营者,以及提供证券、保险、银行等金融服务的经营者,应当向消费者提供经营地

址、联系方式、商品或者服务的数量和质量、价款或者费用、履行期限和方式、安全注意事项和风险警示、售后服务、民事责任等信息。

（五）标明经营者真实名称和标记的义务

经营者应当标明其真实名称和标记。企业名称和标记是区别于其他企业、商品或服务的独特标志，对消费者选择和识别商品或服务起着决定性作用。租赁他人柜台或者场地的经营者，应当标明自己的真实名称和标记，不能以出租者的名称、标记从事经营活动，也不得以虚假企业名称或标记从事经营活动。

（六）出具购货凭证或服务单据的义务

购货凭证或服务单据是经营者向消费者履行合同的书面凭据。为便于消费争议的解决以及切实保护消费者的合法权益，经营者提供商品或者服务，应当按照国家有关规定或者商业惯例向消费者出具购货凭证或者服务单据；消费者索要购货凭证或者服务单据的，经营者必须出具。

（七）保证商品和服务质量及其瑕疵举证义务

经营者应当保证在正常使用商品或者接受服务的情况下其提供的商品或者服务应当具有的质量、性能、用途和有效期限；但消费者在购买该商品或者接受该服务前已经知道其存在瑕疵的除外。经营者以广告、产品说明、实物样品或者其他方式表明商品或者服务的质量状况的，应当保证其提供的商品或者服务的实际质量与表明的质量状况相符。经营者提供的机动车、计算机、电视机、电冰箱、空调器、洗衣机等耐用商品或者装饰装修等服务，消费者自接受商品或者服务之日起 6 个月内发现瑕疵，发生争议的，由经营者承担有关瑕疵的举证责任。

（八）承担包退、修理、更换的义务

经营者提供的商品或者服务不符合质量要求的，消费者可以依照国家规定、当事人约定退货，或者要求经营者履行更换、修理等义务。没有国家规定和当事人约定的，消费者可以自收到商品之日起 7 日内退货；7 日后符合法定解除合同条件的，消费者可以及时退货；不符合法定解除合同条件的，可以要求经营者履行更换、修理等义务。依照前述规定进行退货、更换、修理的，经营者应当承担运输等必要费用。

经营者采用网络、电视、电话、邮购等方式销售商品，消费者有权自收到商品之日起 7 日内退货，且无须说明理由，但下列商品除外：（1）消费者定做的；（2）鲜活易腐的；（3）在线下载或者消费者拆封的音像制品、计算机软件等数字化商品；（4）交付的报纸、期刊。除上述所列商品外，其他根据商品性质并经消费者在购买时确认不宜退货的商品，不适用无理由退货。消费者退货的商品应当完好。经营者应当自收到退回商品之日起 7 日内返还消费者支付的商品价款。退回商品的运费由消费者承担；经营者和消费者另有约定的，按照约定。

（九）不得从事不公平、不合理交易的义务

经营者在经营活动中使用格式条款的，应当以显著方式提请消费者注意商品或者服务的数量和质量、价款或者费用、履行期限和方式、安全注意事项和风险警示、售后服务、民事责任等与消费者有重大利害关系的内容，并按照消费者的要求予以说明。

经营者不得以格式条款、通知、声明、店堂告示等方式，作出排除或者限制消费者权利、减轻或者免除经营者责任、加重消费者责任等对消费者不公平、不合理的规定，不得利用格式条款并借助技术手段强制交易。格式条款、通知、声明、店堂告示等含有前款所列内容的，其内容无效。

格式条款是经营者预先单方拟定并在订立时未与消费者协商的合同条款。如旅行社的《旅游标准合同范本》，旅游者只有接受合同的自由，无参与决定合同内容的机会。一经制定，可以在相当长的期限内使用，因此，《消费者权益保护法》规定，经营者不能利用单方制定合同的权利，作出对消费者不公平的规定。通知、店堂告示、声明等其他方式，是指经营者采用明示的方式，向消费者告知有关经营情况。但是经营者不得通过此类方式作出不利于消费者的规定，如商场告示"打折商品，概不退还""本店商品，一经售出，概不退换"，都是对消费者不合理、不公平的规定，是无效的。

（十）尊重消费者人身权的义务

经营者不得对消费者进行侮辱、诽谤，不得搜查消费者的身体及其携带的物品，不得侵犯消费者人身自由。如在购物中对顾客的蔑视、挖苦，以商品丢失为由，对顾客的强行搜身，甚至殴打顾客，限制顾客的人身自由，都是侵犯消费者人身权利的行为，将依法受到制裁。

（十一）保护消费者个人信息的义务

经营者收集、使用消费者个人信息，应当遵循合法、正当、必要的原则，明示收集、使用信息的目的、方式和范围，并经消费者同意。经营者收集、使用消费者个人信息，应当公开其收集、使用规则，不得违反法律、法规的规定和双方的约定收集、使用信息。经营者及其工作人员对收集的消费者个人信息必须严格保密，不得泄露、出售或者非法向他人提供。经营者应当采取技术措施和其他必要措施，确保信息安全，防止消费者个人信息泄露、丢失。在发生或者可能发生信息泄露、丢失的情况时，应当立即采取补救措施。

经营者未经消费者同意或者请求，或者消费者明确表示拒绝的，不得向其发送商业性信息。

三、消费者合法权益的保护体系

（一）消费者权益保护机构

消费者权益保护机构是保护消费者权益的政府机构和社会组织等，具体包括国家行政机构、公安司法机关、消费者协会等机构和组织对消费者权益的保护。

1. 行政管理部门

《消费者权益保护法》的一些相应条款确定了国家行政机关是该法的主要实施者，包括：

（1）国家和地方各级人民政府，制定有关保护消费者权益的法律、法规和政策，领导和督促地方各级人民政府充分履行保护消费者合法权益的职责。

（2）国家和地方各级工商行政管理部门，分别是国务院和地方人民政府实施消费者权益保护的基本职能机构。

（3）物价、技术监督、卫生、食品检验、商检等行政管理机关，均应在各自的职责范围内，依法加强对经营者的监督管理，保护消费者利益。

（4）行业、企业主管部门在自己的管辖范围内起着保护消费者利益的作用。如旅游行政管理部门负责旅游领域的消费者权益保护工作，要加强对旅游经营者的管理，防止损害旅游者利益行为的发生，对已出现的问题积极进行调查处理等。

2. 公安、司法机关

公安、司法机关在保护消费者权益方面也应各司其职，它们在保护消费者权益方面的职责是依法惩处经营者在提供商品和服务中侵害消费者合法权益的违法犯罪行为。具体说来，公安、检察机关对侵犯消费者权益构成犯罪的案件，应按各自权限，积极立案侦查，起诉。人民法院应当采取措施，方便消费者提起诉讼，对符合《民事诉讼法》起诉条件的消费者权益争议，必须受理，及时审理。

3. 消费者组织

消费者组织目前在我国主要指消费者协会和其他消费者组织。消费者协会和其他消费者组织是依法成立的对商品和服务进行社会监督的保护消费者合法权益的社会组织。中国消费者协会于 1984 年 12 月 26 日成立。《消费者权益保护法》规定，消费者协会，在人民政府支持下，履行下列公益性职责：

（1）向消费者提供消费信息和咨询服务，提高消费者维护自身合法权益的能力，引导文明、健康、节约资源和保护环境的消费方式。

（2）参与制定有关消费者权益的法律、法规、规章和强制性标准。

（3）参与有关行政部门对商品和服务的监督、检查。

（4）就有关消费者合法权益的问题，向有关部门反映、查询，提出建议。

（5）受理消费者的投诉，并对投诉事项进行调查、调解。

（6）投诉事项涉及商品和服务质量问题的，可以委托具备资格的鉴定人鉴定，鉴定人应当告知鉴定意见。

（7）就损害消费者合法权益的行为，支持受损害的消费者提起诉讼或者依照本法提起诉讼。

（8）对损害消费者合法权益的行为，通过大众传播媒介予以揭露、批评。

依法成立的其他消费者组织依照法律、法规及其章程的规定，开展保护消费者合法权益的活动。

另外，为保证消费者组织的公正性和独立性，正确地履行法律赋予的职能，《消费者权益保护法》对消费者组织作出了两条禁止性规定：一是消费者组织不得从事商品经营和营利性服务；二是消费者组织不得以收取费用或者其他牟取利益的方式向消费者推荐商品和服务。这就要求各级人民政府对消费者协会履行职责应当予以必要的经费等支持。

（二）消费者权益争议的解决

1. 争议解决的途径

消费者权益争议是指消费者与经营者在购买、使用商品或接受服务和提供商品或服务的过程中，双方在权利义务上发生的矛盾。《消费者权益保护法》规定，消费者与经营者之间发生消费者权益争议的，可以通过下列途径解决：

（1）与经营者协商和解。即消费者可直接向经营者交涉、索赔。

（2）请求消费者协会或者依法成立的其他调解组织调解。即消费者可以向消费者协会或者依法成立的其他调解组织投诉，请求调解解决。

（3）向有关行政部门投诉。消费者向有关行政部门投诉的，该部门应当自收到投诉之日起 7 个工作日内，予以处理并告知消费者。

（4）根据与经营者达成的仲裁协议提请仲裁机构仲裁。

（5）向人民法院提起诉讼。凡当事人没有订立仲裁条款或协议的消费纠纷，不论是否经过协商、调解、投诉，消费者都可直接向人民法院起诉。

2. 损害赔偿责任的承担

当消费者的合法权益受到损害时，消费者可以依法要求经营者承担损害赔偿的责任，具体说来，包括以下几种情形：

（1）消费者在购买、使用商品时，其合法权益受到损害的，可以向销售者要求赔偿。销售者赔偿后，属于生产者的责任或者属于向销售者提供商品的其他销售者的责任，销售者有权向生产者或者其他销售者追偿。

（2）消费者或者其他受害人因商品缺陷造成人身、财产损害的，可以向销售者要求赔偿，也可以向生产者要求赔偿。属于生产者责任的，销售者赔偿后，有权向生产者追偿。

属于销售者责任的，生产者赔偿后，有权向销售者追偿。

（3）消费者在接受服务时，其合法权益受到损害时，可以向服务者要求赔偿。

（4）消费者在购买、使用商品或者接受服务时，其合法权益受到损害，因原企业分立、合并的，可以向变更后承受其权利义务的企业要求赔偿。

（5）使用他人营业执照的违法经营者提供商品或者服务，损害消费者合法权益的，消费者可以向其要求赔偿，也可以向营业执照的持有人要求赔偿。

（6）消费者在展销会、租赁柜台购买商品或者接受服务，其合法权益受到损害的，可以向销售者或者服务者要求赔偿。展销会结束或者柜台租赁期满后，也可以向展销会的举办者、柜台的出租者要求赔偿。展销会的举办者、柜台的出租者赔偿后，有权向销售者或者服务者追偿。

（7）消费者通过网络交易平台购买商品或者接受服务，其合法权益受到损害的，可以向销售者或者服务者要求赔偿。网络交易平台提供者不能提供销售者或者服务者的真实名称、地址和有效联系方式的，消费者也可以向网络交易平台提供者要求赔偿；网络交易平台提供者作出更有利于消费者的承诺的，应当履行承诺。网络交易平台提供者赔偿后，有权向销售者或者服务者追偿。

网络交易平台提供者明知或者应知销售者或者服务者利用其平台侵害消费者合法权益，未采取必要措施的，依法与该销售者或者服务者承担连带责任。

（8）消费者因经营者利用虚假广告或者其他虚假宣传方式提供商品或者服务，其合法权益受到损害的，可以向经营者要求赔偿。广告经营者、发布者发布虚假广告的，消费者可以请求行政主管部门予以惩处。广告经营者、发布者不能提供经营者的真实名称、地址和有效联系方式的，应当承担赔偿责任。

广告经营者、发布者设计、制作、发布关系消费者生命健康商品或者服务的虚假广告，造成消费者损害的，应当与提供该商品或者服务的经营者承担连带责任。

社会团体或者其他组织、个人在关系消费者生命健康商品或者服务的虚假广告或者其他虚假宣传中向消费者推荐商品或者服务，造成消费者损害的，应当与提供该商品或者服务的经营者承担连带责任。

（三）侵犯消费者合法权益应承担的法律责任

经营者侵犯消费者的合法权益，依据侵害方式和程度的不同分别或同时承担民事、行政和刑事责任。

1. 侵犯消费者合法权益应承担的民事责任

（1）经营者提供商品或服务有下列情形之一的，除《消费者权益保护法》有规定的以外，应当按照其他有关法律、法规的规定承担民事责任：商品或者服务存在缺陷的；不具备商品应当具备的使用性能而出售时未做说明的；不符合在商品或者其包装上注明采用的商品标准的；不符合商品说明、实物样品等方式表明的质量状况的；生产国家明令淘汰的商品或者销售失效、变质的商品的；销售的商品数量不足的；服务的内容和费用违反约定的；对消费者提出的修理、重作、更换、退货、补足商品数量、退还货款和服务费用或者赔偿损失的要求，故意拖延或者无理拒绝的；法律、法规规定的其他损害消费者权益的情形。

（2）致人伤亡的民事责任。经营者提供商品或者服务，造成消费者或者其他受害人人身伤害的，应当赔偿医疗费、护理费、交通费等为治疗和康复支出的合理费用，以及因误工减少的收入。造成残疾的，还应当赔偿残疾生活辅助具费和残疾赔偿金。造成死亡的，还应当赔偿丧葬费和死亡赔偿金。

（3）侵犯消费者人身权的民事责任。经营者侵害消费者的人格尊严、侵犯消费者人身自由或者侵害消费者个人信息依法得到保护的权利的，应当停止侵害、恢复名誉、消除影响、赔礼道歉，并赔偿损失。

经营者有侮辱诽谤、搜查身体、侵犯人身自由等侵害消费者或者其他受害人人身权益的行为，造成严重精神损害的，受害人可以要求精神损害赔偿。

（4）造成财产损害的民事责任。经营者提供商品或者服务，造成消费者财产损害的，应当按照法律规定或者当事人约定，以修理、重作、更换、退货、补足商品数量、退还货款和服务费用或者赔偿损失等方式承担民事责任。

（5）违反约定的民事责任。经营者以预收款方式提供商品或者服务的，应当按照约定提供。未按照约定提供的，应当按照消费者的要求履行约定或者退回预付款，并应当承担预付款的利息、消费者必须支付的合理费用。

（6）提供不合格商品的民事责任。若经营者提供依法经有关行政部门认定为不合格的商品，消费者要求退货的，经营者应当负责退货。

（7）欺诈行为的民事责任。经营者提供商品或者服务有欺诈行为的，应当按照消费者的要求增加赔偿其受到的损失，增加赔偿的金额为消费者购买商品的价款或者接受服务的费用的 3 倍；增加赔偿的金额不足 500 元的，为 500 元。法律另有规定的，依照其规定。

经营者明知商品或者服务存在缺陷，仍然向消费者提供，造成消费者或者其他受害人死亡或者健康严重损害的，受害人有权要求经营者依照《消费者权益保护法》致人伤亡的民事责任以及精神损害的赔偿规定赔偿损失，并有权要求所受损失 2 倍以下的惩罚性赔偿。

2. 侵犯消费者合法权益应承担的行政责任

经营者有下列情形之一，除承担相应的民事责任外，其他有关法律、法规对处罚机关和处罚方式有规定的，依照法律、法规的规定执行；法律、法规未做规定的，由工商行政管理部门或者其他有关行政部门责令改正，可以根据情节单处或者并处警告、没收违法所得、处以违法所得 1 倍以上 10 倍以下的罚款，没有违法所得的，处以 50 万元以下的罚款；情节严重的，责令停业整顿、吊销营业执照。

（1）提供的商品或者服务不符合保障人身、财产安全要求的。

（2）在商品中掺杂、掺假，以假充真，以次充好，或者以不合格商品冒充合格商品的。

（3）生产国家明令淘汰的商品或者销售失效、变质的商品的。

（4）伪造商品的产地，伪造或者冒用他人的厂名、厂址，篡改生产日期，伪造或者冒用认证标志等质量标志的。

（5）销售的商品应当检验、检疫而未检验、检疫或者伪造检验、检疫结果的。

（6）对商品或者服务作虚假或者引人误解的宣传的。

（7）拒绝或者拖延有关行政部门责令对缺陷商品或者服务采取停止销售、警示、召回、无害化处理、销毁、停止生产或者服务等措施的。

（8）对消费者提出的修理、重作、更换、退货、补足商品数量、退还货款和服务费用或者赔偿损失的要求，故意拖延或者无理拒绝的。

（9）侵害消费者人格尊严、侵犯消费者人身自由或者侵害消费者个人信息依法得到保护的权利的。

（10）法律、法规规定的对损害消费者权益应当予以处罚的其他情形。

经营者有前款规定情形的，除依照法律、法规规定予以处罚外，处罚机关应当记入信用档案，向社会公布。

经营者对行政处罚决定不服的，可以依法申请行政复议或者提起行政诉讼。

3. 侵犯消费者合法权益应承担的刑事责任

为更有效地保护消费者的合法权益，对那些侵犯消费者合法权益、造成严重后果的经营者或其他有关责任人，必须追究其刑事责任。我国《消费者权益保护法》规定，在下列情况下，应当追究有关责任人的刑事责任：

（1）经营者违反《消费者权益保护法》规定提供商品或者服务，侵害消费者合法权益，构成犯罪的，依法追究刑事责任。

（2）以暴力、威胁等方法阻碍有关行政部门工作人员依法执行职务的，依法追究刑事责任；拒绝、阻碍有关行政部门工作人员依法执行职务，未使用暴力、威胁方法的，由公安机关依照我国《治安管理处罚法》的规定处罚。

（3）国家机关工作人员玩忽职守或者包庇经营者侵害消费者合法权益的行为，情节严重构成犯罪的，依法追究刑事责任。

第九章　旅游产业经济规划和促进法律制度

旅游规划是安排旅游业发展及相关事项的专项规划，旅游规划在促进旅游业科学发展、协调和均衡各种利益等方面具有重要作用。《旅游法》第三章"旅游规划和促进"对旅游发展规划编制的主体、内容和规划的衔接作出了规定，从国家法律层面确立了旅游规划的法律地位，体现了对旅游规划的高度重视。同时为发挥立法对旅游业发展的引导、推动作用，《旅游法》从资金投入、政策制定等方面规定了促进旅游业发展的主要措施。

第一节　旅游产业经济规划法律制度

一、旅游规划的含义和体系

（一）旅游规划的含义

旅游规划是旅游业发展的纲领和蓝图，是为旅游业长远发展作出的设想和部署。旅游规划衍生于区域规划理论和管理科学理论，许多学者对于它的含义基于不同的视角提出了自己的观点。本书采取了中国国家质量监督检验检疫总局对"旅游规划"的定义：旅游规划是根据旅游业发展规律和市场特点制定目标，以及为实现这一目标而进行的各项旅游要素的统筹部署和具体安排。

（二）旅游规划的体系

旅游规划是一个集合性的概念，中国国家质量监督检验检疫总局发布的《旅游规划通则》（GB/T18971—2003）按照空间范围与规模大小，将旅游规划分为三类：旅游发展规划、旅游区规划和专项旅游规划。

旅游发展规划，是根据旅游业的历史、现状和市场要素的变化所制定的目标体系，以及为实现目标体系在特定的发展条件下对旅游发展的要素所做的安排。旅游发展规划按规划的范围和政府管理层次分为全国旅游业发展规划、区域旅游业发展规划和地方旅游业发展规划。按规划的期限分为近期发展规划（3~5 年）、中期发展规划（5~10 年）或远期发展规划（10~20 年）。

旅游区规划，是为了保护、开发、利用和经营管理旅游区，使其发挥多种功能和作用而进行的各项旅游要素的统筹部署和具体安排。旅游区规划按规划层次分总体规划、控制性详细规划、修建性详细规划等。

专项旅游规划，指为了开发、经营旅游项目而进行的部署与安排，是在旅游发展规划和旅游区规划的基础上，对近期建设区域内的旅游项目作出的具体规划。专项旅游规划能使旅游项目的旅游功能得到合理有效的发挥。

二、旅游发展规划的编制

（一）旅游发展规划的法律地位

《旅游法》第十七条第一款规定，国务院和县级以上地方人民政府应当将旅游业发展纳入国民经济和社会发展规划。

国民经济和社会发展规划是全国或某一地区经济、社会发展的总体纲要，是具有战略意义的指导性文件，《旅游法》以法律的形式确立了旅游发展规划的法律地位，解决了多年来旅游发展规划地位不清的问题。

（二）旅游发展规划编制的主体

旅游发展规划编制的主体是国务院和县级以上各级人民政府。《旅游法》第十七条第二款规定，国务院和省、自治区、直辖市人民政府以及旅游资源丰富的设区的市和县级人民政府，应当按照国民经济和社会发展规划的要求，组织编制旅游发展规划；对跨行政区域且适宜进行整体利用的旅游资源进行利用时，应当由上级人民政府组织编制或者由相关地方人民政府协商编制统一的旅游发展规划。

此规定解决了长期以来我国旅游发展规划主体不清的问题，尤其是对跨行政区域旅游规划编制的责任主体范围作了规定，避免了规划主体不清而导致的多头管理或无人管理的问题。

（三）旅游发展规划编制的内容

《旅游法》第十八条规定，旅游发展规划编制的内容应该包括：

（1）旅游业发展的总体要求和发展目标；

（2）旅游资源保护和利用的要求和措施；

（3）旅游产品开发、旅游服务质量提升、旅游文化建设、旅游形象推广、旅游基础设施和公共服务设施建设的要求和促进措施等。

《旅游规划通则》（CB/T18971-2003）规定，旅游发展规划的主要内容包括：

（1）全面分析规划区旅游业发展历史与现状、优势与制约因素，及与相关规划的衔接；

（2）分析规划区的客源市场需求总量、地域结构、消费结构及其他结构，预测规划期内客源市场需求总量、地域结构、消费结构及其他结构；

（3）提出规划区的旅游主题形象和发展战略；

（4）提出旅游业发展目标及其依据；

（5）明确旅游产品开发的方向、特色与主要内容；

（6）提出旅游发展重点项目，对其空间及时序作出安排；

（7）提出要素结构、空间布局及供给要素的原则和办法；

（8）按照可持续发展原则，注重保护开发利用的关系，提出合理的措施；

（9）提出规划实施的保障措施；

（10）对规划实施的总体投资分析，主要包括旅游设施建设、配套基础设施建设、旅游市场开发、人力资源开发等方面的投入与产出方面的分析。

（四）旅游发展规划的衔接和相关规划

支持旅游发展规划是一个全面的系统性工程，它与其他规划具有很大的关联性，因此必须重视旅游发展规划与其他相关规划的关系。《旅游法》规定了旅游发展规划与其他规划的衔接机制：

（1）旅游发展规划应当与土地利用总体规划、城乡规划、环境保护规划以及其他自然资源和文物等人文资源的保护和利用规划相衔接。

（2）各级人民政府编制土地利用总体规划、城乡规划，应当充分考虑相关旅游项目、设施的空间布局和建设用地要求；规划和建设交通、通信、供水、供电、环保等基础设施和公共服务设施，应当兼顾旅游业发展的需要。

三、旅游区规划的编制

旅游区规划按规划层次分总体规划、控制性详细规划、修建性详细规划。

（一）旅游区总体规划

旅游区总体规划的任务，是分析旅游区客源市场，确定旅游区的主题形象，划定旅游区的用地范围及空间布局，安排旅游区基础设施建设内容，提出开发措施。旅游区总体规划内容包括：

（1）对旅游区的客源市场的需求总量、地域结构、消费结构等进行全面分析与预测；

（2）界定旅游区范围，进行现状调查和分析，对旅游资源进行科学评价；

（3）确定旅游区的性质和主题形象；

（4）确定规划旅游区的功能分区和土地利用，提出规划期内的旅游容量；

（5）规划旅游区的对外交通系统的布局和主要交通设施的规模、位置，规划旅游区内部的其他道路系统的走向、断面和交叉形式；

（6）规划旅游区的景观系统和绿地系统的总体布局；

（7）规划旅游区其他基础设施、服务设施和附属设施的总体布局；

（8）规划旅游区的防灾系统和安全系统的总体布局；

（9）研究并确定旅游区资源的保护范围和保护措施；

（10）规划旅游区的环境卫生系统布局，提出防止和治理污染的措施；

（11）提出旅游区近期建设规划，进行重点项目策划；

（12）提出总体规划的实施步骤、措施和方法，以及规划、建设、运营中的管理意见；

（13）对旅游区开发建设进行总体投资分析。

（二）旅游区控制性详细规划

在旅游区总体规划的指导下，为了近期建设的需要，可编制旅游区控制性详细规划。

旅游区控制性详细规划的任务是，以总体规划为依据，详细规定区内建设用地的各项控制指标和其他规划管理要求，为区内一切开发建设活动提供指导。旅游区控制性详细规划的主要内容包括：

（1）详细划定所规划范围内各类不同性质用地的界线，规定各类用地内适建、不适建或者有条件地允许建设的建筑类型；

（2）规划分地块，规定建筑高度、建筑密度、容积率、绿地率等控制指标，并根据各类用地的性质增加其他必要的控制指标；

（3）规定交通出人口方位、停车泊位、建筑后退红线、建筑间距等要求；

（4）提出对各地块的建筑体量、尺度、色彩、风格等要求；

（5）确定各级道路的红线位置、控制点坐标和标高。

（三）旅游区修建性详细规划

对于旅游区当前要建设的地段，应编制修建性详细规划。旅游区修建性详细规划的任务是，在总体规划或控制性详细规划的基础上，进一步深化和细化，用以指导各项建筑和工程设施的设计和施工。

旅游区修建性详细规划的主要内容包括：

（1）综合现状与建设条件分析；

（2）用地布局；

（3）景观系统规划设计；

（4）道路交通系统规划设计；

（5）绿地系统规划设计；

（6）旅游服务设施及附属设施系统规划设计；

（7）工程管线系统规划设计；

（8）竖向规划设计；

（9）环境保护和环境卫生系统规划设计。

第二节　旅游促进法律制度

一、旅游促进的含义

旅游促进是指政府促进旅游业发展的政策和措施的总和。多年来，我国政府出台了一系列关于促进旅游发展的政策和措施，特别是 2009 年国务院发布《国务院关于加快发展旅游业的意见》，将旅游业定位为"国民经济的战略性支柱产业和人民群众更加满意的现代服务业"，《旅游法》更是从法律层面使促进旅游业发展的各项制度落实下来。

二、旅游促进法律制度

我国的旅游促进法律制度大体包括：旅游综合协调机制、旅游业财税优惠政策、旅游产业政策、旅游发展资金制度、旅游人才队伍建设制度、旅游形象推广制度、旅游公共信息服务制度、旅游基础设施建设支持制度等。本章根据《旅游法》的规定，着重阐述旅游产业政策促进制度、旅游发展资金制度、旅游形象推广制度、旅游公共信息服务制度、旅游人才队伍建设制度。

（一）旅游产业政策促进制度

政策是政府和政党为了实现一定历史时期的政治、经济、文化目标，通过一定的程序制定的行动方针和行为准则。旅游业无论是作为国家的战略支柱性产业还是国家的公共服务性行业，都需要国家的政策支撑。

《旅游法》第二十三条规定，国务院和县级以上地方人民政府应当制定并组织实施有利于旅游业持续健康发展的产业政策，推进旅游休闲体系建设，采取措施推动区域旅游合作，鼓励跨区域旅游线路和产品开发，促进旅游与工业、农业、商业、文化、卫生、体育、科教等领域的融合，扶持少数民族地区、革命老区、边远地区和贫困地区旅游业发展。

国务院和国务院旅游行政管理部门已制定了一系列有重大影响的旅游政策，如 2009 年 12 月 1 日国务院发布了《国务院关于加快发展旅游业的意见》，实现了旅游业定位的历史性突破；2013 年 2 月 2 日，国务院通过了《国民旅游休闲纲要》（2013—2020 年），必将促进我国旅游休闲产业的健康发展。近年来，我国各级地方政府在旅游政策的制定方面也作出了很大的努力和积极的探索。

（二）旅游发展资金制度

旅游业发展具有大投入、大产出的特点，资金投入是促进旅游业发展的重要保障措施之一。在旅游促销、旅游环境、旅游基础设施、旅游公共服务、旅游景区、旅游饭店等方面的建设，都需要大量的前期投入。《旅游法》第二十四条规定，国务院和县级以上地方人民政府应当根据实际情况安排资金，加强旅游基础设施建设、旅游公共服务和旅游形象推广。

毫无疑问，加强旅游基础建设、提升旅游公共服务和旅游形象推广既需要以政府财政为引导，同时也需要积极引进外资和吸引社会资源，多渠道筹集资金。但政府安排资金是资金来源的基本和稳定保障，为此《旅游法》将安排旅游发展资金规定为国务院和县级以上地方人民政府的法定义务。

（三）旅游形象推广制度

旅游形象是一个国家或地区在旅游者心目中综合积淀形成的独特吸引力，是对一个国家或地区旅游资源、旅游产品、旅游设施、旅游服务功能等总体的、抽象的、概括的认识和评价。《旅游法》明确规定了旅游形象推广的主体和具体方式，第二十五条规定，国家制定并实施旅游形象推广战略；国务院旅游主管部门统筹组织国家旅游形象的境外推广工作，建立旅游形象推广机构和网络，开展旅游国际合作与交流；县级以上地方人民政府统筹组织本地的旅游形象推广工作。

旅游形象推广的主体。国家旅游形象推广的主体，《旅游法》规定由国家承担。具体工作可以委托国务院旅游行政管理部门承担。只有国家才能将党、政府、社会团体及民众对外进行的旅游形象传播进行整合。地方旅游形象宣传主体，《旅游法》规定由县级以上地方人民政府承担。

旅游形象推广的方式。在实施国家旅游形象的境外宣传推广工作中，国家建立旅游形象推广机构和网络，开展旅游国际合作与交流。

（四）旅游公共信息服务制度

旅游公共信息服务是指旅游目的地政府及其他公共组织为满足广大旅游者对该地相关旅游信息的需求，通过多种途径和方法，收集、加工、传输或公开旅游信息的职责、行为及其过程。

旅游公共信息服务制度在《旅游法》中有明确规定。《旅游法》第二十六条规定："国务院旅游主管部门和县级以上地方人民政府应当根据需要建立旅游公共信息和咨询平台，无偿向旅游者提供旅游景区、线路、交通、气象、住宿、安全、医疗急救等必要信息和咨询服务。设区的市和县级人民政府有关部门应当根据需要在交通枢纽、商业中心和旅游者集中场所设置旅游咨询中心，在景区和通往主要景区的道路设置旅游指示标志。旅游资源丰富的设区的市和县级人民政府可以根据本地的实际情况，建立旅游客运专线或者游客中转站，为旅游者在城市及周边旅游提供服务。"可见，旅游公共信息服务制度包含如下内容：

（1）由国务院旅游主管部门和县级以上地方人民政府负责旅游必要的信息和咨询服务。根据需要建立旅游公共信息和咨询平台，无偿向旅游者提供旅游景区、线路、交通、气象、住宿、安全、医疗急救等必要信息和咨询服务。如目前，北京、上海、广州、深圳等省市已经建立起多语种的旅游信息网站，为境内外旅游者提供旅游公共信息服务。

（2）设区的市和县级人民政府有关部门设置旅游咨询中心和旅游指示标志。设区的市和县级人民政府有关部门应当根据需要在交通枢纽、商业中心和旅游者集中场所设置旅游咨询中心，在景区和通往主要景区的道路设置旅游指示标志。这是满足旅游需要所应提供的基本公共信息服务。

（3）旅游资源丰富的设区的市和县级人民政府提供方便快捷的交通出行服务。旅游资源丰富的设区的市和县级人民政府可以根据本地的实际情况，建立旅游客运专线或者游客中转站，为旅游者在城市及周边旅游提供服务。为避免服务设施闲置造成浪费，《旅游法》特别明确了要根据本地的实际需要来提供该项服务。

（五）旅游人才队伍建设制度

旅游业的繁荣发展，离不开高素质的管理人才和服务人才。根据我国目前旅游教育的现状和旅游业对人才需求的特点，使得旅游职业教育和培训成为提升旅游从业人员素质的重要手段。《旅游法》第二十七条规定，国家鼓励和支持发展旅游职业教育和培训，提高旅游从业人员素质。

根据《职业教育法》，职业教育是国家教育事业的重要组成部分，是促进经济、社会发展和劳动就业的重要途径。职业教育和培训与其他教育形态相比，具有教育对象的广泛性、教育内容的技术性、教育方法的多样性等特点。因此，发展旅游职业教育和培训，对于提高旅游从业人员素质更具有积极的现实意义，国家从法律层面鼓励和支持多渠道培养不同层次的人才。

第十章　旅游资源保护法律制度

旅游资源在一个国家或地区发展旅游业中起着重要作用，各国政府乃至国际组织都制定了关于保护旅游资源的法律法规，我国也不例外。我国已经颁布了《旅游法》《风景名胜区条例》《文物保护法》《自然保护区条例》等一系列保护旅游资源的法律、法规。

第一节　旅游资源保护法律制度概述

一、旅游资源概述

旅游资源是旅游业发展的生命线，是构成旅游业的必备要素之一，是一个国家或地区发展旅游业的重要物质基础。旅游学术界或实业界人士出于研究或旅游开发的目的，以不同标准、方法，对旅游资源作了各种分类，其中最常见的分类方法是将其分为自然旅游资源和人文旅游资源两大类。自然旅游资源是指自然界中以地理环境和生物所构成的，吸引人们前往进行旅游活动的天然景观，如风景区、国家公园、海滩、湖泊等；人文旅游资源一般是指古代人类社会活动的遗迹、现代人类社会活动的产物，如古建筑、历史名城、园林、革命历史遗迹、民族风情等。旅游资源具有多样性、垄断性、易损性、可创新性、吸引力的定向性等特点。

我国辽阔的地域、壮丽的河山、迷人的风景名胜、灿烂的古代文明和现代化建设的新成就，对海内外游客有着巨大的吸引力。

二、旅游资源的法律保护

由于旅游资源本身的易损性，大多属于不可再生的资源，所以无论是自然旅游资源还是人文旅游资源，如果对其开发利用不当，就会使部分旅游资源受到不同程度的破坏，甚至会使部分珍贵的旅游资源过早衰竭，进而使旅游业赖以存在和发展的基础面临威胁。为了使旅游资源得到有效的开发利用，旅游环境得到良好的保护，各国政府乃至国际组织针对旅游业发展中存在的旅游资源和环境方面的问题采取了种种措施，其中的一项重要措施就是制定关于旅游资源和环境保护方面的法律、法规。

联合国人类环境会议于 1972 年通过了《保护世界文化和自然遗产公约》，强调保护自然和文化遗产对整个人类的重要性，并从 1985 年开始分批公布世界遗产名录。1980 年，世界旅游组织（WTO）在《马尼拉宣言》中称："所有旅游资源都是人类文化遗产的构成部分，各国和整个国际社会都必须采取步骤加以保护。"要求各国和整个国际社会在旅游资源保护方面要承担国际义务。此外，经济合作与发展组织（OECD）、欧洲经济共同体（EEC）、世界旅游环境研究中心（WTTERC）、世界旅游理事会（WTTC）等组织在全球范围内也在旅游资源与环境的保护方面起了积极的作用。

一些旅游资源丰富、法制比较健全的国家在旅游资源和环境的保护方面，制定了许多法律或法规。例如，法国制定了《风景区和文物古迹保护法》，规定对具有艺术性、历史性、科学性、传奇性或优美的文物古迹和风景区给予相应的保护；日本政府对各种公园、森林、特别保护区、野生鸟兽、古建筑和文物及城市绿化、防止污染等方面均专门制定了法律、法令；埃及制定了《关于授予旅游部监督开发旅游区权力的法律》；美国也制定有保护公园和游览地方面的法律，对旅游资源的开发、利用和游览地的环境保护，都作出了具体的规定。法国是世界上最早为保护文化遗产立法的国家，早在 1913 年就颁布了《保护历史古迹法》，通过法律形式，法国规定了保护范围、申请保护的行政程序以及在税收方面可享受的优惠政策等。多年来，法国政府有关人员和历史古迹方面的专业人员都严格照章行事，使法国大量古建筑得到了妥善保护。

中国政府也十分重视对各类旅游资源和环境的保护，积极支持并参加保护世界旅游资源和环境的国际行动，1985 年中国加入联合国《保护世界文化和自然遗产公约》，承担自己应尽的国际义务。同时国家立法机关和行政机关制定了一系列法律、法规，包括：

（1）我国《宪法》中明确提出了要保护名胜古迹、珍贵文物等旅游资源。《宪法》第二十二条第二款明确规定"国家保护名胜古迹、珍贵文物和其他重要历史文化遗产"。

（2）《旅游法》《文物保护法》等法律。《旅游法》对旅游景区的开发、利用和保护提出了原则性的规定，对景区开放条件、景区门票价格及公示制度、景区流量控制制度等作出了明确规定。《文物保护法》对人文旅游资源的保护作出了专门的规定。

（3）《风景名胜区条例》（2006 年）、《自然保护区条例》（1994 年）、《历史文化名城名镇名村保护条例》（2008 年）等法规，以及《旅游景区质量等级管理办法》（2012 年）、《旅游资源保护暂行办法》（2007 年）、《森林公园管理办法》（1994 年）等规章。

（4）地方法规、规章等规范性文件。我国地方立法机构和人民政府也结合当地具体情况制定了一些地方性的保护旅游资源的法规，如四川省在 1994 年公布了《四川省风景名胜区管理条例》，湖南省在 2001 年 1 月实施《湖南省武陵源区世界自然遗产保护条例》，海南省在 2011 年公布了《海南省旅游景区景点管理条例》等，为我国全面保护旅游资源提供了自上而下的法律保障。

三、《旅游法》对景区的法律保护

（一）景区开放条件

景区，是指为旅游者提供游览服务、有明确的管理界限的场所或者区域。景区是旅游者参观游览的场所，是开展旅游活动的核心区域，因此，景区本身的品质及管理水平会直接关系到旅游者的旅游目的能否圆满实现，进而对旅游业的健康发展产生影响。《旅游法》第四十二条规定，景区开放应当具备下列条件，并听取旅游主管部门的意见：

（1）有必要的旅游配套服务和辅助设施；

（2）有必要的安全设施及制度，经过安全风险评估，满足安全条件；

（3）有必要的环境保护设施和生态保护措施；

（4）法律、行政法规规定的其他条件。

（二）景区门票管理

近年来，景区涨价和景区内另行收费项目让旅游者直呼"玩不起"，《旅游法》对控制景区门票价格上涨作了一系列规定：

（1）利用公共资源建设的景区的门票以及景区内的游览场所、交通工具等另行收费项目，实行政府定价或者政府指导价，严格控制价格上涨。拟收费或者提高价格的，应当举行听证会，征求旅游者、经营者和有关方面的意见，论证其必要性、可行性。

（2）利用公共资源建设的景区，不得通过增加另行收费项目等方式变相涨价；另行收费项目已收回投资成本的，应当相应降低价格或者取消收费。

（3）公益性的城市公园、博物馆、纪念馆等，除重点文物保护单位和珍贵文物收藏单位外，应当逐步免费开放。

（4）景区应当在醒目位置公示门票价格、另行收费项目的价格及团体收费价格。景区提高门票价格应当提前6个月公布。

（5）将不同景区的门票或者同一景区内不同游览场所的门票合并出售的，合并后的价格不得高于各单项门票的价格之和，且旅游者有权选择购买其中的单项票。

（6）景区内的核心游览项目因故暂停向旅游者开放或者停止提供服务的，应当公示并相应减少收费。

（三）景区流量控制

往往在旅游旺季，一些热门旅游景区人满为患。对此，《旅游法》对景区接待旅游者的流量控制作了规定：

（1）景区接待旅游者不得超过景区主管部门核定的最大承载量。景区应当公布景区主管部门核定的最大承载量，制定和实施旅游者流量控制方案，并可以采取门票预约等方式，对景区接待旅游者的数量进行控制。

（2）旅游者数量可能达到最大承载量时，景区应当提前公告并同时向当地人民政府报告，景区和当地人民政府应当及时采取疏导、分流等措施。

第二节　风景名胜区管理制度

风景名胜区是重要的旅游资源，为加强对风景名胜区的管理，有效地保护和合理利用风景名胜资源，1985年6月7日，国务院颁布了《风景名胜区管理暂行条例》，2006年9月修订发布了《风景名胜区条例》（2006年12月1日起正式实施，原《风景名胜区管理暂行条例》同时废止）。2016年2月，《风景名胜区条例》的个别条款再次被修订。

一、风景名胜区的概念

《风景名胜区条例》（以下简称《条例》）第二条，将风景名胜区定义为"具有观赏、文化或者科学价值，自然景观、人文景观比较集中，环境优美，可供人们游览或者进行科学、文化活动的区域"。

由此可见，风景名胜区必须具备三个条件：具有观赏、文化或科学价值；自然景观、人文景观比较集中；可供人们游览或进行科学、文化活动。

二、风景名胜区的设立

（一）设立原则

设立风景名胜区，应当有利于保护和合理利用风景名胜资源。

新设立的风景名胜区与自然保护区不得重合或者交叉；已设立的风景名胜区与自然保护区重合或者交叉的，风景名胜区规划与自然保护区规划应当相协调。

（二）分类及设立条件、程序

《条例》第八条确定了风景名胜区的等级分类："风景名胜区划分为国家级风景名胜区和省级风景名胜区。"

自然景观和人文景观能够反映重要自然变化过程和重大历史文化发展过程，基本处于自然状态或者保持历史原貌，具有国家代表性的，可以申请设立国家级风景名胜区；具有区域代表性的，可以申请设立省级风景名胜区。

（1）设立国家级风景名胜区，由省、自治区、直辖市人民政府提出申请，国务院建设主管部门会同国务院环境保护主管部门、林业主管部门、文物主管部门等有关部门组织论证，提出审查意见，报国务院批准公布。

（2）设立省级风景名胜区，由县级人民政府提出申请，省、自治区人民政府建设主管部门或者直辖市人民政府风景名胜区主管部门，会同其他有关部门组织论证，提出审查意见，报省、自治区、直辖市人民政府批准公布。

风景名胜区内的土地、森林等自然资源和房屋等财产的所有权人、使用权人的合法权益受法律保护。申请设立风景名胜区的人民政府应当在报请审批前，与风景名胜区内的土地、森林等自然资源和房屋等财产的所有权人、使用权人充分协商。因设立风景名胜区对风景名胜区内的土地、森林等自然资源和房屋等财产的所有权人、使用权人造成损失的，应当依法给予补偿。

三、风景名胜区的规划

风景名胜区规划分为总体规划和详细规划。

（一）风景名胜区总体规划和详细规划的内容

风景名胜区总体规划的编制，应当体现人与自然和谐相处、区域协调发展和经济社会全面进步的要求，坚持保护优先、开发服从保护的原则，突出风景名胜资源的自然特性、文化内涵和地方特色。风景名胜区应当自设立之日起 2 年内编制完成总体规划。总体规划的规划期一般为 20 年。

风景名胜区总体规划应当包括下列内容：

（1）风景资源评价；

（2）生态资源保护措施、重大建设项目布局、开发利用强度；

（3）风景名胜区的功能结构和空间布局；

（4）禁止开发和限制开发的范围；

（5）风景名胜区的游客容量；

（6）有关专项规划。

风景名胜区详细规划应当根据核心景区和其他景区的不同要求编制，确定基础设施、旅游设施、文化设施等建设项目的选址、布局与规模，并明确建设用地范围和规划设计条件。风景名胜区的详细规划，应当符合风景名胜区的总体规划。

（二）风景名胜区规划的编制、审批机关

国家级风景名胜区规划由省、自治区人民政府建设主管部门或者直辖市人民政府风景名胜区主管部门组织编制。省级风景名胜区规划由县级人民政府组织编制。

国家级风景名胜区的总体规划，由省、自治区、直辖市人民政府审查后，报国务院审批。国家级风景名胜区的详细规划，由省、自治区人民政府建设主管部门或者直辖市人民政府风景名胜区主管部门报国务院建设主管部门审批。

省级风景名胜区的总体规划，由省、自治区、直辖市人民政府审批，报国务院建设主管部门备案。省级风景名胜区的详细规划，由省、自治区人民政府建设主管部门或者直辖市人民政府风景名胜区主管部门审批。

（三）风景名胜区规划的具体编制程序

为提高风景名胜区规划编制的质量，保证其科学性和合理性，要求经过以下具体的编制程序。

（1）编制风景名胜区规划，应当采用招标等公平竞争的方式选择具有相应资质等级的单位承担；

（2）风景名胜区规划应当按照经审定的风景名胜区范围、性质和保护目标，依照国家有关法律、法规和技术规范编制；

（3）编制风景名胜区规划，应当广泛征求有关部门、公众和专家的意见，必要时，应当进行听证；

（4）风景名胜区规划报送审批的材料应当包括社会各界的意见以及意见采纳的情况和未予采纳的理由；

（5）风景名胜区规划经批准后，应当向社会公布，任何组织和个人有权查阅。

（四）风景名胜区规划的修改

风景名胜区内的单位和个人应当遵守经批准的风景名胜区规划，服从规划管理。风景名胜区规划未经批准的，不得在风景名胜区内进行各类建设活动。

经批准的风景名胜区规划不得擅自修改。确需对风景名胜区总体规划中的风景名胜区范围、性质、保护目标、生态资源保护措施、重大建设项目布局、开发利用强度以及风景名胜区的功能结构、空间布局、游客容量进行修改的，应当报原审批机关批准；对其他内容进行修改的，应当报原审批机关备案。风景名胜区详细规划确需修改的，应当报原审批机关批准。政府或者政府部门修改风景名胜区规划对公民、法人或者其他组织造成财产损失的，应当依法给予补偿。

风景名胜区总体规划的规划期届满前 2 年，规划的组织编制机关应当组织专家对规划进行评估，作出是否重新编制规划的决定。在新规划批准前，原规划继续有效。

四、风景名胜区的保护

风景名胜区内的景观和自然环境，应当根据可持续发展的原则，严格保护，不得破坏或者随意改变。

在风景名胜区内禁止进行下列活动：

（1）开山、采石、开矿、开荒、修坟立碑等破坏景观、植被和地形地貌的活动；

（2）修建储存爆炸性、易燃性、放射性、毒害性、腐蚀性物品的设施；

（3）在景物或者设施上刻画、涂污；

（4）乱扔垃圾。

在风景名胜区内，禁止违反风景名胜区规划，在风景名胜区内设立各类开发区和在核心景区内建设宾馆、招待所、培训中心、疗养院以及与风景名胜资源保护无关的其他建筑物；已经建设的，应当按照风景名胜区规划，逐步迁出。

在风景名胜区内进行下列活动，应当经风景名胜区管理机构审核后，依照有关法律、法规的规定报有关主管部门批准：

（1）设置、张贴商业广告；

（2）举办大型游乐等活动；

（3）改变水资源、水环境自然状态的活动；

（4）其他影响生态和景观的活动。

在风景名胜区内从事建设活动，应当经风景名胜区管理机构审核后，依照有关法律、法规的规定办理审批手续：

（1）在国家级风景名胜区内修建缆车、索道等重大建设工程，项目的选址方案应当报省、自治区人民政府建设主管部门和直辖市人民政府风景名胜区主管部门核准；

（2）风景名胜区内的建设项目应当符合风景名胜区规划，并与景观相协调，不得破坏景观、污染环境、妨碍游览；

（3）在风景名胜区内进行建设活动的，建设单位、施工单位应当制定污染防治和水土保持方案，并采取有效措施，保护好周围景物、水体、林草植被、野生动物资源和地形地貌。

五、风景名胜区的管理和利用

国家对风景名胜区实行科学规划、统一管理、严格保护、永续利用的原则。

风景名胜区管理机构是风景名胜区内各类活动的管理主体。为进一步规范风景名胜区管理机构，更好地保护和合理利用风景名胜资源，《条例》明确了风景名胜区管理机构的主体及职责。

（1）风景名胜区所在地县级以上地方人民政府设置的风景名胜区管理机构，负责风景名胜区的保护、利用和统一管理工作。

（2）国务院建设主管部门负责全国风景名胜区的监督管理工作。国务院其他有关部门按照国务院规定的职责分工，负责风景名胜区的有关监督管理工作。省、自治区人民政府建设主管部门和直辖市人民政府风景名胜区主管部门，负责本行政区域内风景名胜区的监督管理工作。省、自治区、直辖市人民政府其他有关部门按照规定的职责分工，负责风景名胜区的有关监督管理工作。

（3）风景名胜区管理机构不得从事以牟利为目的的经营活动，不得将规划、管理和监督等行政管理职能委托给企业或者个人行使。风景名胜区管理机构的工作人员，不得在风景名胜区内的企业兼职。

（4）风景名胜区内的交通、服务等项目，应当由风景名胜区管理机构依照有关法律、法规和风景名胜区规划，采用招标等公平竞争的方式确定经营者。风景名胜区管理机构应当与经营者签订合同，依法确定各自的权利义务。

（5）风景名胜区管理机构应当根据风景名胜区的特点，保护民族、民间传统文化，开展健康有益的游览观光和文化娱乐活动，普及历史文化和科学知识。

（6）风景名胜区管理机构应当根据风景名胜区规划，合理利用风景名胜资源，改善交通、服务设施和游览条件。风景名胜区管理机构应当在风景名胜区内设置风景名胜区标志和路标、安全警示等标牌。

（7）风景名胜区内宗教活动场所的管理，依照国家有关宗教活动场所管理的规定执行。风景名胜区内涉及自然资源保护、利用、管理和文物保护以及自然保护区管理的，还应当执行国家有关法律、法规的规定。

（8）风景名胜区管理机构应当建立健全安全保障制度，加强安全管理，保障游览安全，并督促风景名胜区内的经营单位接受有关部门依据法律、法规进行的监督检查。禁止超过允许容量接纳游客和在没有安全保障的区域开展游览活动。

（9）进入风景名胜区的门票，由风景名胜区管理机构负责出售。门票价格依照有关价格的法律、法规的规定执行。风景名胜区的门票收入和风景名胜资源有偿使用费，实行收支两条线管理。风景名胜区的门票收入和风景名胜资源有偿使用费应当专门用于风景名胜资源的保护和管理以及风景名胜区内财产的所有权人、使用权人损失的补偿。

六、法律责任

违反《条例》的规定，有下列行为之一的，由风景名胜区管理机构责令停止违法行为、恢复原状或者限期拆除，没收违法所得，并处 50 万元以上 100 万元以下的罚款：

（1）在风景名胜区内进行开山、采石、开矿等破坏景观、植被、地形地貌的活动的；

（2）在风景名胜区内修建储存爆炸性、易燃性、放射性、毒害性、腐蚀性物品的设施的；

（3）在核心景区内建设宾馆、招待所、培训中心、疗养院以及与风景名胜资源保护无关的其他建筑物的。

县级以上地方人民政府及其有关主管部门批准实施上述规定的行为的，对直接负责的主管人员和其他直接责任人员依法给予降级或者撤职的处分；构成犯罪的，依法追究刑事责任。

违反《条例》的规定，在风景名胜区内从事禁止范围以外的建设活动，未经风景名胜区管理机构审核的，由风景名胜区管理机构责令停止建设、限期拆除，对个人处 2 万元以上 5 万元以下的罚款，对单位处 20 万元以上 50 万元以下的罚款。

违反《条例》的规定，在国家级风景名胜区内修建缆车、索道等重大建设工程，项目的选址方案未经省、自治区人民政府建设主管部门和直辖市人民政府风景名胜区主管部门核准，县级以上地方人民政府有关部门核发选址意见书的，对直接负责的主管人员和其他直接责任人员依法给予处分；构成犯罪的，依法追究刑事责任。

违反《条例》的规定，个人在风景名胜区内进行开荒、修坟立碑等破坏景观、植被、地形地貌的活动的，由风景名胜区管理机构责令停止违法行为、限期恢复原状或者采取其他补救措施，没收违法所得，并处 1000 元以上 1 万元以下的罚款。

违反《条例》的规定，在景物、设施上刻画、涂污或者在风景名胜区内乱扔垃圾的，由风景名胜区管理机构责令恢复原状或者采取其他补救措施，处 50 元的罚款；刻画、涂污或者以其他方式故意损坏国家保护的文物、名胜古迹的，按照治安管理处罚法的有关规定予以处罚；构成犯罪的，依法追究刑事责任。

违反《条例》的规定，未经风景名胜区管理机构审核，在风景名胜区内进行下列活动的，由风景名胜区管理机构责令停止违法行为、限期恢复原状或者采取其他补救措施，没收违法所得，并处 5 万元以上 10 万元以下的罚款；情节严重的，并处 10 万元以上 20 万元以下的罚款：（1）设置、张贴商业广告的；（2）举办大型游乐等活动的；（3）改变水资源、水环境自然状态的活动的；（4）其他影响生态和景观的活动。

违反《条例》的规定，施工单位在施工过程中，对周围景物、水体、林草植被、野生动物资源和地形地貌造成破坏的，由风景名胜区管理机构责令停止违法行为、限期恢复原状或者采取其他补救措施，并处 2 万元以上 10 万元以下的罚款；逾期未恢复原状或者采取有效措施的，由风景名胜区管理机构责令停止施工。

违反《条例》的规定，国务院建设主管部门、县级以上地方人民政府及其有关主管部门有下列行为之一的，对直接负责的主管人员和其他直接责任人员依法给予处分；构成犯罪的，依法追究刑事责任：

（1）违反风景名胜区规划在风景名胜区内设立各类开发区的；

（2）风景名胜区自设立之日起未在 2 年内编制完成风景名胜区总体规划的；

（3）选择不具有相应资质等级的单位编制风景名胜区规划的；

（4）风景名胜区规划批准前批准在风景名胜区内进行建设活动的；

（5）擅自修改风景名胜区规划的；

（6）不依法履行监督管理职责的其他行为。

违反《条例》的规定，风景名胜区管理机构有下列行为之一的，由设立该风景名胜区管理机构的县级以上地方人民政府责令改正；情节严重的，对直接负责的主管人员和其他直接责任人员给予降级或者撤职的处分；构成犯罪的，依法追究刑事责任：

（1）超过允许容量接纳游客或者在没有安全保障的区域开展游览活动的；

（2）未设置风景名胜区标志和路标、安全警示等标牌的；

（3）从事以营利为目的的经营活动的；

（4）将规划、管理和监督等行政管理职能委托给企业或者个人行使的；

（5）允许风景名胜区管理机构的工作人员在风景名胜区内的企业兼职的；

（6）审核同意在风景名胜区内进行不符合风景名胜区规划的建设活动的；

（7）发现违法行为不予查处的。

依照《条例》的规定，责令限期拆除在风景名胜区内违法建设的建筑物、构筑物或者其他设施的，有关单位或者个人必须立即停止建设活动，自行拆除；对继续进行建设的，作出责令限期拆除决定的机关有权制止。有关单位或者个人对责令限期拆除决定不服的，可以在接到责令限期拆除决定之日起15日内，向人民法院起诉；期满不起诉又不自行拆除的，由作出责令限期拆除决定的机关依法申请人民法院强制执行，费用由违法者承担。

第三节　文物保护法律制度

一、文物保护法律制度概述

我国是古人类发祥地之一，也是世界四大文明古国之一，有五千年的文明史，文物古迹众多。我国有举世无双的万里长城，有世界上保存最大最完整的帝王宫殿——北京故宫，有被誉为"世界第八大奇迹"的秦始皇陵兵马俑，有"东方艺术明珠"之称的敦煌莫高窟，等等。

文物是人类文明的历史见证，是绵延文化的重要载体，是今人与古人对话的桥梁，更是我国举世瞩目的旅游资源的一个亮点。保护文物不仅是国家的重要职责、整个国际社会的共同义务，也是一切机关、组织和公民个人的共同义务。为此，需要制定一部专门的法律加以保护，明确各方在文物保护方面的职责。

1982 年 11 月，五届人大常委会第二十五次会议批准了《中华人民共和国文物保护法》（以下简称《文物保护法》），1991 年 6 月七届人大常委会第二十次会议对其进行部分修改通过，并于 1992 年 4 月 30 日国务院发布了《文物保护法实施细则》。2002 年 10 月 28 日，经九届人大常委会第三十次会议讨论，再次对《文物保护法》进行修改通过。这是自 1982 年颁布后所作的最大的一次修改，由原来的 33 条扩展到了 80 条，内容上也作了较大改动。2003 年 5 月 13 日国务院第八次常委会会议又通过了《文物保护法实施细则》（2003 年 7 月 1 日起施行）。修改后的《文物保护法》第一次将"保护为主、抢救第一、合理利用、加强管理"的文物工作方针写入法律；进一步强调了国家对文物的所有权；强化了文物保护的各项管理措施；规定了国有文物收藏单位以外的公民、法人和其他组织可以收藏的文物；完善了法律责任的规定，加强了文物行政执法权力。修改后的《文物保护法》更能适应社会的发展趋势，更具有可操作性，为我国文物旅游资源的保护、开发利用提供了更有效的法律保障。2013 年 6 月 29 日、2015 年 4 月 24 日第十二届全国人民代表大会常务委员会又先后两次审议通过了对《文物保护法》部分条款的修改。

《文物保护法》共 8 章 80 条，内容包括：总则；不可移动文物；考古发掘；馆藏文物；民间收藏文物；文物出境进境；法律责任；附则。

二、文物保护的范围

文物是指在人类历史发展过程中遗留下来的，具有历史、艺术、科学价值的历史文化遗产。《文物保护法》第二条规定，在中华人民共和国境内，下列文物受国家法律保护：

（1）具有历史、艺术、科学价值的古文化遗址、古墓葬、古建筑、石窟寺和石刻、壁画；

（2）与重大历史事件、革命运动或者著名人物有关的以及具有重要纪念意义、教育意义或者史料价值的近代现代重要史迹、实物、代表性建筑；

（3）历史上各时代珍贵的艺术品、工艺美术品；

（4）历史上各时代重要的文献资料以及具有历史、艺术、科学价值的手稿和图书资料等；

（5）反映历史上各时代、各民族社会制度、社会生产、社会生活的代表性实物；

（6）具有科学价值的古脊椎动物化石和古人类化石。

三、文物管理机构和文物工作方针

（一）文物管理机构

《文物保护法》第八条规定，国务院文物行政部门主管全国文物保护工作。地方各级人民政府负责本行政区域内的文物保护工作。县级以上地方人民政府承担文物保护工作的部门对本行政区域内的文物保护实施监督管理。县级以上人民政府有关行政部门在各自的职责范围内，负责有关的文物保护工作。公安机关、工商行政管理部门、海关、城乡建设规划部门和其他有关国家机关，应当依法认真履行所承担的保护文物的职责，维护文物管理秩序。可见，《文物保护法》明确了各级政府及有关部门是负责本地文物保护工作的部门。

（二）文物工作方针

《文物保护法》第四条明确规定，文物工作要贯彻"保护为主、抢救第一、合理利用、加强管理"的方针。它全面准确地揭示了保护与利用文物的关系，保护是利用的前提，利用是保护的目的，我们在进行基本建设、发展旅游时必须遵守文物保护工作的方针，在开展相应的活动时不得对文物造成损害。

四、文物所有权

（一）国家对文物的所有权

中华人民共和国境内地下、内水和领海中遗存的一切文物，属于国家所有。

国有不可移动文物的所有权不因其所依附的土地所有权或者使用权的改变而改变。古文化遗址、古墓葬、石窟寺属于国家所有。国家指定保护的纪念建筑物、古建筑、石刻、壁画、近代现代代表性建筑等不可移动文物，除国家另有规定的以外，属于国家所有。国有不可移动文物不得转让、抵押，不得作为企业资产经营。

国有可移动文物的所有权不因其保管、收藏单位的终止或者变更而改变。属于国家所有的可移动文物包括：

（1）中国境内出土的文物，国家另有规定的除外；

（2）国有文物收藏单位以及其他国家机关、部队和国有企业、事业组织等收藏、保管的文物；

（3）国家征集、购买的文物；

（4）公民、法人和其他组织捐赠给国家的文物；

（5）法律规定属于国家所有的其他文物。国家文物所有权受法律保护，不容侵犯。

（二）非国有文物的所有权

（1）属于集体所有和私人所有的纪念建筑物、古建筑和祖传文物以及依法取得的其他文物，其所有权受法律保护，但文物的所有者必须遵守国家有关文物保护的法律、法规的规定。

（2）非国有不可移动文物转让、抵押或者改变用途的，应当根据其级别报相应的文物行政部门备案。

五、文物保护单位和历史文化名城、街区

（一）文物保护单位的各级界定

《文物保护法》第三条规定："古文化遗址、古墓葬、古建筑、石窟寺、石刻、壁画、近代现代重要史迹和代表性建筑等不可移动文物，根据它们的历史、艺术、科学价值，可以分别确定为全国重点文物保护单位，省级文物保护单位，市、县级文物保护单位。"可见，我国文物保护单位分为三个级别：

（1）全国重点文物保护单位。由国务院文物行政部门在省级、市、县级文物保护单位中，选择具有重大历史、艺术、科学价值的确定为全国重点文物保护单位，或者直接确定为全国重点文物保护单位，报国务院核定公布。

（2）省级文物保护单位。由省、自治区、直辖市人民政府核定公布，并报国务院备案。

（3）市级和县级文物保护单位。分别由设区的市、自治州和县级人民政府核定公布，并报省、自治区、直辖市人民政府备案。

（二）文物保护单位的保护和利用

（1）各级文物保护单位，分别由省、自治区、直辖市人民政府和市、县级人民政府划定必要的保护范围，作出标志说明，建立记录档案，并区别情况分别设置专门机构或者专人负责管理。全国重点文物保护单位的保护范围和记录档案，由省、自治区、直辖市人民政府文物行政部门报国务院文物行政部门备案。县级以上地方人民政府文物行政部门应当根据不同文物的保护需要，制定文物保护单位和未核定为文物保护单位的不可移动文物的具体保护措施，并公告施行。

（2）各级人民政府制定城乡建设规划，应当根据文物保护的需要，事先由城乡建设规划部门会同文物行政部门商定对本行政区域内各级文物保护单位的保护措施，并纳入规划。

（3）文物保护单位的保护范围内不得进行其他建设工程或者爆破、钻探、挖掘等作业。但是，因特殊情况需要在文物保护单位的保护范围内进行其他建设工程或者爆破、钻探、挖掘等作业的，必须保证文物保护单位的安全，并经核定公布该文物保护单位的人民政府批准，在批准前应当征得上一级人民政府文物行政部门同意；在全国重点文物保护单位的保护范围内进行其他建设工程或者爆破、钻探、挖掘等作业的，必须经省、自治区、直辖市人民政府批准，在批准前应当征得国务院文物行政部门同意。

（4）根据保护文物的实际需要，经省、自治区、直辖市人民政府批准，可以在文物保护单位的周围划分一定的建设控制地带，并予以公布。在文物保护单位的建设控制地带内进行建设工程，不得破坏文物保护单位的历史风貌；工程设计方案应当根据文物保护单位的级别，经相应的文物行政部门同意后，报城乡建设规划部门批准。

（5）在文物保护单位的保护范围和建设控制地带内，不得建设污染文物保护单位及其环境的设施，不得进行可能影响文物保护单位安全及其环境的活动。对已有的污染文物保护单位及其环境的设施，应当限期治理。否则，环境保护行政部门可以依照有关法律、法规的规定给予处罚。

（6）建设工程选址，应当尽可能避开不可移动文物；因特殊情况不能避开的，对文物保护单位应当尽可能实施原址保护。实施原址保护的，建设单位应当事先确定保护措施，根据文物保护单位的级别报相应的文物行政部门批准，并将保护措施列入可行性研究报告或者设计任务书。无法实施原址保护，必须迁移异地保护或者拆除的，应当报省、自治区、直辖市人民政府批准；迁移或者拆除省级文物保护单位的，批准前须征得国务院文物行政部门同意。全国重点文物保护单位不得拆除；需要迁移的，须由省、自治区、直辖市人民政府报国务院批准。

（7）对危害文物保护单位安全、破坏文物保护单位历史风貌的建筑物、构筑物，当地人民政府应当及时调查处理，必要时，对该建筑物、构筑物予以拆迁。

（8）对文物保护单位进行修缮，应当根据文物保护单位的级别报相应的文物行政部门批准。文物保护单位的修缮、迁移、重建，由取得文物保护工程资质证书的单位承担。

（9）核定为文物保护单位的属于国家所有的纪念建筑物或者古建筑，除可以建立博物馆、保管所或者辟为参观游览场所外，如果必须作其他用途的，应当经核定公布该文物保护单位的人民政府文物行政部门征得上一级文物行政部门同意后，报核定公布该文物保护单位的人民政府批准；全国重点文物保护单位作其他用途的，应当由省、自治区、直辖市人民政府报国务院批准。

（三）历史文化名城、街区的保护和管理

所谓历史文化名城是指保存文物特别丰富并且具有重大历史价值或者革命纪念意义的城市，由国务院核定公布。历史文化街区是指那些保存文物特别丰富并且具有重大历史价值或者革命纪念意义的城镇、街道、村庄，由省、自治区、直辖市人民政府核定公布，并报国务院备案。《文物保护法》第十四条规定："历史文化名城和历史文化街区、村镇所在地的县级以上地方人民政府应当组织编制专门的历史文化名城和历史文化街区、村镇保护规划，并纳入城市总体规划。"

历史文化名城、街区不是终身制。《文物保护法》第六十九条规定："历史文化名城的布局、环境、历史风貌等遭到严重破坏的，由国务院撤销其历史文化名城称号；历史文化城镇、街道、村庄的布局、环境、历史风貌等遭到严重破坏的，由省、自治区、直辖市人民政府撤销其历史文化街区、村镇称号；对负有责任的主管人员和其他直接责任人员依法给予行政处分。"

六、文物的考古发掘

地下文物，是进行科学研究的宝贵财富，也是不可多得的旅游资源。我国《文物保护法》第三章对文物的考古发掘作了严格的规定。

（一）一切考古发掘工作，必须履行报批手续

（1）从事考古发掘的单位，为了科学研究进行考古发掘，应当提出发掘计划，报国务院文物行政部门批准；对全国重点文物保护单位的考古发掘计划，应当经国务院文物行政部门审核后报国务院批准。

（2）进行大型基本建设工程，建设单位应当事先报请省、自治区、直辖市人民政府文物行政部门组织从事考古发掘的单位在工程范围内有可能埋藏文物的地方进行考古调查、勘探。考古调查、勘探中发现文物的，由省、自治区、直辖市人民政府文物行政部门根据文物保护的要求会同建设单位共同商定保护措施；遇有重要发现的，由省、自治区、直辖市人民政府文物行政部门及时报国务院文物行政部门处理。

（3）需要配合建设工程进行的考古发掘工作，应当由省、自治区、直辖市文物行政部门在勘探工作的基础上提出发掘计划，报国务院文物行政部门批准。

（4）确因建设工期紧迫或者有自然破坏危险，对古文化遗址、古墓葬急需进行抢救发掘的，由省、自治区、直辖市人民政府文物行政部门组织发掘，并同时补办审批手续。

（5）未经批准，任何单位或者个人都不得私自发掘地下埋藏的文物。

（二）发现文物和发掘文物的报告和归属

（1）在进行建设工程或者在农业生产中，任何单位或者个人发现文物，应当保护现场，立即报告当地文物行政部门，文物行政部门接到报告后，如无特殊情况，应当在 24 小时内赶赴现场，并在 7 日内提出处理意见。文物行政部门可以报请当地人民政府通知公安机关协助保护现场；发现重要文物的，应当立即上报国务院文物行政部门，国务院文物行政部门应当在接到报告后15 日内提出处理意见。

（2）依照前款规定发现的文物属于国家所有，任何单位或者个人不得哄抢、私分、藏匿。

（3）考古调查、勘探、发掘的结果，应当报告国务院文物行政部门和省、自治区、直辖市人民政府文物行政部门。

（4）考古发掘的文物，应当登记造册，妥善保管，按照国家有关规定移交给由省、自治区、直辖市人民政府文物行政部门或者国务院文物行政部门指定的国有博物馆、图书馆或者其他国有收藏文物的单位收藏。经省、自治区、直辖市人民政府文物行政部门批准，从事考古发掘的单位可以保留少量出土文物作为科研标本。

（5）考古发掘的文物，任何单位或者个人不得侵占。

（三）对外国人或者外国团体考古发掘我国文物的规定

非经国务院文物行政部门报国务院特别许可，任何外国人或者外国团体不得在中华人民共和国境内进行考古调查、勘探、发掘。

（四）出土文物的调用

根据保证文物安全、进行科学研究和充分发挥文物作用的需要，省、自治区、直辖市人民政府文物行政部门经本级人民政府批准，可以调用本行政区域内的出土文物；国务院文物行政部门经国务院批准，可以调用全国的重要出土文物。

七、馆藏文物

馆藏文物是指博物馆、图书馆和其他文物收藏单位收藏的文物。《文物保护法》第四章对馆藏文物的取得、管理、调拨、交换、借用、展览、出租、修复、损毁的处理等方面作了详细规定。

（一）馆藏文物的取得和管理

（1）文物收藏单位可以通过购买、接受捐赠、依法交换等方式取得文物。国有文物收藏单位还可以通过文物行政部门指定保管或者调拨方式取得文物。

（2）文物收藏单位对收藏的文物，必须区分文物等级，设置藏品档案，建立严格的管理制度，并报主管的文物行政部门备案。县级以上地方人民政府文物行政部门应当分别建立本行政区域内的馆藏文物档案；国务院文物行政部门应当建立国家一级文物藏品档案和其主管的国有文物收藏单位馆藏文物档案。

（3）博物馆、图书馆和其他收藏文物的单位应当按照国家有关规定配备防火、防盗、防自然损坏的设施，确保馆藏文物的安全。文物收藏单位的法定代表人对馆藏文物的安全负责。国有文物收藏单位的法定代表人离任时，应当按照馆藏文物档案办理馆藏文物移交手续。馆藏文物被盗、被抢或者丢失的，文物收藏单位应当立即向公安机关报案，并同时向主管的文物行政部门报告。

（二）馆藏文物的调拨、交换、借用和展览

（1）国务院文物行政部门可以调拨全国的国有馆藏文物；省、自治区、直辖市人民政府文物行政部门可以调拨本行政区域内其主管的国有文物收藏单位馆藏文物；调拨国有馆藏一级文物，应当报国务院文物行政部门备案；国有文物收藏单位可以申请调拨国有馆藏文物。未经批准，任何单位或者个人不得调取馆藏文物。

（2）已经建立馆藏文物档案的国有文物收藏单位，经省、自治区、直辖市人民政府文物行政部门批准，并报国务院文物行政部门备案，其馆藏文物可以在国有文物收藏单位之间交换。

（3）国有文物收藏单位之间因举办展览、科学研究等需借用馆藏文物的，应当报主管的文物行政部门备案；借用馆藏一级文物，应当经国务院文物行政部门批准。非国有文物收藏单位和其他单位举办展览需借用国有馆藏文物的，应当报主管的文物行政部门批准；借用国有馆藏一级文物，应当经国务院文物行政部门批准。文物收藏单位之间借用文物的最长期限不得超过3年。

文物行政管理部门和国有文物收藏单位的工作人员不得借用国有文物，不得非法侵占国有文物。

（4）未建立馆藏文物档案的国有文物收藏单位，不得交换、借用、展览。

（5）调拨、交换、借用的文物必须严格保管，不得丢失、损毁。

（6）禁止国有文物收藏单位将馆藏文物赠予、出租或者出售给其他单位、个人。

（7）文物收藏单位应当充分发挥馆藏文物的作用，通过举办展览、科学研究等活动，加强对中华民族优秀的历史文化和革命传统的宣传教育。

（三）馆藏文物修复和毁损的处理

（1）修复馆藏文物，不得改变馆藏文物的原状；复制、拍摄、拓印馆藏文物，不得对馆藏文物造成损害。

（2）馆藏一级文物损毁的，应当报国务院文物行政部门核查处理。其他馆藏文物损毁的，应当报省、自治区、直辖市人民政府文物行政部门核查处理；省、自治区、直辖市人民政府文物行政部门应当将核查处理结果报国务院文物行政部门备案。

八、民间收藏文物

根据我国民间收藏文物的发展趋势和现行管理情况，修改后的《文物保护法》规定了国有文物收藏单位以外的公民、法人和其他组织可以通过合法途径收藏文物，规定了文物商店的设立和经营，特别是对近年来兴起的文物拍卖企业作了详细严格的规定。

（一）民间收藏文物的取得、捐赠和禁止

（1）文物收藏单位以外的公民、法人和其他组织可以收藏通过下列方式取得的文物：依法继承或者接受赠予；从文物商店购买；从经营文物拍卖的拍卖企业购买；公民个人合法所有的文物相互交换或者依法转让；国家规定的其他合法方式。文物收藏单位以外的公民、法人和其他组织通过上述方式收藏的文物可以依法流通。

（2）国家鼓励文物收藏单位以外的公民、法人和其他组织将其收藏的文物捐赠给国有文物收藏单位或者出借给文物收藏单位展览和研究。当然，国有文物收藏单位应当尊重并按照捐赠人的意愿，对捐赠的文物妥善收藏、保管和展示。

（3）国家禁止出境的文物，不得转让、出租、质押给外国人。

（二）文物商店的设立与经营

（1）文物商店应当由省、自治区、直辖市人民政府文物行政部门批准设立，依法进行管理。禁止设立中外合资、中外合作和外商独资的文物商店。禁止文物行政部门的工作人员、文物收藏单位举办或参与举办文物商店。

（2）文物商店不得从事文物拍卖经营活动，不得设立经营文物拍卖的拍卖企业。

（3）文物商店销售的文物，在销售前应当经省、自治区、直辖市人民政府文物行政部门审核；对允许销售的，省、自治区、直辖市人民政府文物行政部门应当进行标示。

（4）文物商店购买、销售文物，应当按照国家有关规定作出记录，并报原审核的文物行政部门备案。

（5）除经批准的文物商店外，其他单位或者个人不得从事文物的商业经营活动。

（三）文物拍卖的管理

（1）依法设立的拍卖企业经营文物拍卖，应当取得省、自治区、直辖市人民政府文物行政部门颁发的文物拍卖许可证。

（2）拍卖企业拍卖的文物，在拍卖前应当经省、自治区、直辖市人民政府文物行政部门审核，并报国务院文物行政部门备案。

（3）禁止设立中外合资、中外合作和外商独资的经营文物拍卖的拍卖企业。

（4）经营文物拍卖的拍卖企业不得从事文物购销经营活动，不得设立文物商店。文物行政部门的工作人员、文物收藏单位不得举办或者参与举办经营文物拍卖的拍卖企业。

（5）文物行政部门在审核拟拍卖的文物时，可以指定国有文物收藏单位优先购买其中的珍贵文物。购买价格由文物收藏单位的代表与文物的委托人协商确定。

（四）拣选文物的规定

银行、冶炼厂、造纸厂以及废旧物资回收单位，应当与当地文物行政部门共同负责拣选掺杂在金银器和废旧物资中的文物。拣选文物除供银行研究所必需的历史货币可以由人民银行留用外，应当移交当地文物行政部门。移交拣选文物，应当给予合理补偿。

此外，人民法院、人民检察院、公安机关、海关和工商行政管理部门依法没收的文物应当登记造册，妥善保管，结案后无偿移交文物行政部门，由文物行政部门指定的国有文物收藏单位收藏。

九、文物的出境进境

《文物保护法》规定了文物的进出境管理制度，明确了文物进出境的核查制度和程序。

（一）文物出境

（1）文物出境，应当经国务院文物行政部门指定的文物进出境审核机构审核。经审核允许出境的文物，由国务院文物行政部门发给文物出境许可证，从国务院文物行政部门指定的口岸出境。

（2）任何单位或者个人运送、邮寄、携带文物出境，应当向海关申报；海关凭文物出境许可证放行。

（3）文物出境展览，应当报国务院文物行政部门批准；一级文物超过国务院规定数量的，应当报国务院批准。一级文物中的孤品和易损品，禁止出境展览。出境展览的文物出境，由文物进出境审核机构审核、登记。海关凭国务院文物行政部门或者国务院的批准文件放行。出境展览的文物复进境，由原文物进出境审核机构审核查验。

（4）国有文物、非国有文物中的珍贵文物和国家规定禁止出境的其他文物，不得出境；但是依照本法规定出境展览或者因特殊需要经国务院批准出境的除外。

（二）文物进境

文物临时进境，应当向海关申报，并报文物进出境审核机构审核、登记。临时进境的文物复出境，必须经原审核、登记的文物进出境审核机构审核查验；经审核查验无误的，由国务院文物行政部门发给文物出境许可证，海关凭文物出境许可证放行。

十、奖励与惩罚

《文物保护法》不仅设置了奖励的条款，而且大大强化了文物行政部门的行政执法权，其法律责任条款体现了两个特征：一是与现行刑法相衔接，二是加大了惩罚的力度。

（一）奖励

有下列事迹的单位或者个人，由国家给予精神鼓励或者物质奖励：

（1）认真执行文物保护法律、法规，保护文物成绩显著的；

（2）为保护文物与违法犯罪行为作坚决斗争的；

（3）将个人收藏的重要文物捐献给国家或者为文物保护事业作出捐赠的；

（4）发现文物及时上报或者上交，使文物得到保护的；

（5）在考古发掘工作中作出重大贡献的；

（6）在文物保护科学技术方面有重要发明创造或者其他重要贡献的；

（7）在文物面临破坏危险时，抢救文物有功的；

（8）长期从事文物工作，作出显著成绩的。

（二）惩罚

1.违反《文物保护法》规定，有下列行为之一，构成犯罪的，依法追究刑事责任：

（1）盗掘古文化遗址、古墓葬的；

（2）故意或者过失损毁国家保护的珍贵文物的；

（3）擅自将国有馆藏文物出售或者私自送给非国有单位或者个人的；

（4）将国家禁止出境的珍贵文物私自出售或者送给外国人的；

（5）以牟利为目的倒卖国家禁止经营的文物的；

（6）走私文物的；

（7）盗窃、哄抢、私分或者非法侵占国有文物的；

（8）应当追究刑事责任的其他妨害文物管理的行为。

2.违反《文物保护法》规定，造成文物灭失、损毁的，依法承担民事责任。违反本法规定，构成违反治安管理行为的，由公安机关依法给予治安管理处罚。违反本法规定，构成走私行为，尚不构成犯罪的，由海关依照有关法律、行政法规的规定给予处罚。

3.有下列行为之一，尚不构成犯罪的，由县级以上人民政府文物主管部门责令改正，造成严重后果的，处5万元以上50万元以下的罚款；情节严重的，由原发证机关吊销资质证书：

（1）擅自在文物保护单位的保护范围内进行建设工程或者爆破、钻探、挖掘等作业的；

（2）在文物保护单位的建设控制地带内进行建设工程，其工程设计方案未经文物行政部门同意、城乡建设规划部门批准，对文物保护单位的历史风貌造成破坏的；

（3）擅自迁移、拆除不可移动文物的；

（4）擅自修缮不可移动文物，明显改变文物原状的；

（5）擅自在原址重建已全部毁坏的不可移动文物，造成文物破坏的；

（6）施工单位未取得文物保护工程资质证书，擅自从事文物修缮、迁移、重建的。

另外，刻画、涂污或者损坏文物尚不严重的，或者损毁依照《文物保护法》规定设立的文物保护单位标志的，由公安机关或者文物所在单位给予警告，可以并处罚款。

4. 有下列行为之一的，由县级以上人民政府文物主管部门责令改正，没收违法所得，违法所得 1 万元以上的，并处违法所得 2 倍以上 5 倍以下的罚款；违法所得不足 1 万元的，并处 5000 元以上 2 万元以下的罚款：

（1）转让或者抵押国有不可移动文物，或者将国有不可移动文物作为企业资产经营的；

（2）将非国有不可移动文物转让或者抵押给外国人的；

（3）擅自改变国有文物保护单位的用途的。

5. 有下列行为之一，尚不构成犯罪的，由县级以上人民政府文物主管部门责令改正，并处 2 万元以下的罚款，有违法所得的，没收违法所得：

（1）文物收藏单位未按照国家有关规定配备防火、防盗、防自然损坏的设施的；

（2）国有文物收藏单位法定代表人离任时未按照馆藏文物档案移交馆藏文物，或者所移交的馆藏文物与馆藏文物档案不符的；

（3）将国有馆藏文物赠予、出租或者出售给其他单位、个人的；

（4）违反《文物保护法》有关文物的展览、交换规定处置国有馆藏文物的；

（5）违反《文物保护法》规定挪用或者侵占依法调拨、交换、出借文物所得补偿费用的。

6. 有下列行为之一的，应接受相应的处罚：买卖国家禁止买卖的文物或者将禁止出境的文物转让、出租、质押给外国人，尚不构成犯罪的，由县级以上人民政府文物主管部门责令改正，没收违法所得，违法经营额 1 万元以上的，并处违法经营额 2 倍以上 5 倍以下的罚款；违法经营额不足 1 万元的，并处 5000 元以上 2 万元以下的罚款。

7. 未经许可，擅自设立文物商店、经营文物拍卖的拍卖企业，或者擅自从事文物的商业经营活动，尚不构成犯罪的，由工商行政管理部门依法予以制止，没收违法所得、非法经营的文物，违法经营额 5 万元以上的，并处违法经营额 2 倍以上 5 倍以下的罚款；违法经营额不足 5 万元的，并处 2 万元以上 10 万元以下的罚款。

8. 有下列情形之一的，由工商行政管理部门没收违法所得、非法经营的文物，违法经营额 5 万元以上的，并处违法经营额 1 倍以上 3 倍以下的罚款；违法经营额不足 5 万元的，并处 5000 元以上 5 万元以下的罚款；情节严重的，由原发证机关吊销许可证书：

（1）文物商店从事文物拍卖经营活动的；

（2）经营文物拍卖的拍卖企业从事文物购销经营活动的；

（3）文物商店销售的文物、拍卖企业拍卖的文物，未经审核的；

（4）文物收藏单位从事文物的商业经营活动的。

9. 有下列行为之一，尚不构成犯罪的，由县级以上人民政府文物主管部门会同公安机关追缴文物；情节严重的，处 5000 元以上 5 万元以下的罚款：

（1）发现文物隐匿不报或者拒不上交的；

（2）未按照规定移交拣选文物的。

10. 有下列行为之一的，由县级以上人民政府文物主管部门责令改正：

（1）改变国有未核定为文物保护单位的不可移动文物的用途，未依照《文物保护法》规定报告的；

（2）转让、抵押非国有不可移动文物或者改变其用途，未依照《文物保护法》规定备案的；

（3）国有不可移动文物的使用人拒不依法履行修缮义务的；

（4）考古发掘单位未经批准擅自进行考古发掘，或者不如实报告考古发掘结果的；

（5）文物收藏单位未按照国家有关规定建立馆藏文物档案、管理制度，或者未将馆藏文物档案、管理制度备案的；

（6）违反《文物保护法》规定，未经批准擅自调取馆藏文物的；

（7）馆藏文物损毁未报文物行政部门核查处理，或者馆藏文物被盗、被抢或者丢失，文物收藏单位未及时向公安机关或者文物行政部报告的；

（8）文物商店销售文物或者拍卖企业拍卖文物，未按照国家有关规定进行记录或者未将所作记录报文物行政部门备案的。

11. 文物行政部门、文物收藏单位、文物商店、经营文物拍卖企业的工作人员，有下列行为之一的，依法给予行政处分，情节严重的，依法开除公职或者吊销其从业资格；构成犯罪的，依法追究刑事责任：

（1）文物行政部门的工作人员违反《文物保护法》规定，滥用审批权限、不履行职责或者发现违法行为不予查处，造成严重后果的；

（2）文物行政部门和国有文物收藏单位的工作人员借用或者非法侵占国有文物的；

（3）文物行政部门的工作人员举办或者参与举办文物商店或者经营文物拍卖的拍卖企业的；

（4）因不负责任造成文物保护单位、珍贵文物损毁或者流失的；

（5）贪污、挪用文物保护经费的。

上述被开除公职或者被吊销从业资格的人员，自被开除公职或者被吊销从业资格之日起 10 年内不得担任文物管理人员或者从事文物经营活动。

有前述（3）（4）（5）（7）（9）（10）所列行为之一的，负有责任的主管人员和其他直接责任人员是国家工作人员的，依法给予行政处分。

公安机关、工商行政管理部门、海关、城乡建设规划部门和其他国家机关违反本法规定滥用职权、玩忽职守、徇私舞弊，造成国家保护的珍贵文物损毁或者流失的，对负有责任的主管人员和其他直接责任人员依法给予行政处分；构成犯罪的，依法追究刑事责任。

参考文献

[1] 白廷斌.旅游与发展：一个分析框架的形成与演变 [J].旅游学刊，2010（4）.

[2] 保继刚，甘萌雨.改革开放以来中国城市旅游目的地地位变化及因素分析 [J].地理科学，2004（3）.

[3] 卞显红.城市旅游边缘区形成机制分析 [J].商业研究，2008（10）.

[4] 仓理新.社会学视角下的旅游文化现象 [J].旅游学刊，2008（12）.

[5] 陈家刚，李天元.中国优秀旅游城市空间分布特征及其优化研究 [J].华侨大学学报（哲学社会科学版），2009（1）.

[6] 陈青生.厘清文化资本的内涵 [J].探索与争鸣，2007（1）.

[7] 陈艳红，何佳梅.开发济南老城区打造泉水品牌 [J].北京城市学院学报，2006（1）.

[8] 邓明艳，罗佳明.英国旅游目的地网络营销信息特征及启示 [J].商业研究，2008（4）.

[9] 董金菊.我国旅游文化资源研究综述 [J].浙江旅游职业学院学报，2009（6）.

[10] 杜冰.韩国文化产业发展现状 [J].国际资料信息，2005（10）.

[11] 付金朋，肖贵蓉，谢宇.近 10 年国外旅游伦理研究评述 [J].旅游学刊，2010（8）.

[12] 夏安凌，唐辉，刘恋.新兴国家的崛起与国际格局的变化 [J].教学与研究，2012（5）.

[13] 王正毅，张岩贵.国际政治经济学：理论范式与现实经验研究 [M].北京：商务印书馆，2003.

[14] 李建萍.金融危机以来国外对华反倾销的特点、原因及对策 [J].湖北社会科学，2012（2）.

[15] 丁国民.立法破解对华贸易保护危机——基于 WTO 框架下的中国反倾销立法思考 [J].中国社会科学院研究生院学报，2010（5）.

[16] 毛韵.贸易保护还是贸易自由——当前经济危机条件下贸易政策的政治经济学分析 [J].兰州学刊，2010（4）.

[17] 沈四宝.国际经济法 [M].北京：中国对外经济贸易出版社，2000.

[18] 余劲松，吴志攀.国际经济法 [M].北京：北京大学出版社，2000.

[19] 郭寿康，赵秀文.国际经济法 [M].北京：中国人民大学出版社，2000.

[20] 田晓云.国际经济法 [M].北京：人民法院出版社，2004.

[21] 刘颖，邓瑞平.国际经济法 [M].北京：中信出版社，2003.

[22] 董世忠.国际经济法 [M].上海：复旦大学出版社，2004.

[23] 王传丽.国际经济法 [M].北京：法律出版社，2005.

[24] 刘弓强.国际经济法 [M].北京：知识产权出版社，2005.

[25] 王继军.国际经济法 [M].北京：法律出版社，2006.

[26] 郭寿康，赵秀文.国际经济法 [M].北京：中国人民大学出版社，2006.

[27] 左海聪.国际经济法的理论与实践 [M].武汉：武汉大学出版社，2003.

[28] 韦经建.国际经济法概论 [M].长春：吉林大学出版社，2000.

[29] 汤树梅.国际经济法案例分析 [M].北京：中国人民大学出版社，2000.

[30] 翁国民.国际经济法案例 [M].北京：中国人民大学出版社，2004.

[31] 王传丽.国际经济法案例教程 [M].北京：专利文献出版社，2001.

[32] 王海英.国际经济法案例教程 [M].北京：北京大学出版社，2005.

[33] 韦经建，王彦志.国际经济法案例教程 [M].北京：科学出版社，2005.

[34] 张丽英.国际经济法案例教程 [M].北京：知识产权出版社，2006.

[35] 张丽英.国际经济法教学案例 [M].北京：法律出版社，2004.

[36] 姚梅镇，余劲松.国际经济法成案研究 [M].武汉：武汉大学出版社，1995.

[37] 左海聪.国际贸易法 [M].北京：法律出版社，2004.

[38] 宋永新，宋海鹰.国际经济组织法导读 [M].杭州：浙江大学出版社，2000.

[39] 金彭年.国际经济争端法导读 [M].杭州：浙江大学出版社，2000.

[40] 张乃根.新编国际经济法导论 [M].上海：复旦大学出版社，2002.

[41] 赵秀文.国际经济法教学参考书 [M].北京：中国人民大学出版社，2004.

[42] 丁伟，朱榄叶.当代国际法学理论与实践研究文集·国际经济法卷 [M].北京：中国法制出版社，2002.

[43] 王虎华，丁成耀.当代国际法论丛 [M].上海：上海人民出版社，2003.